WERKSTATT KUNST

Wahrnehmen und Abbilden

Rainer Grimm

Schroedel

WERKSTATT KUNST

Wahrnehmen und Abbilden

Materialien für die gestalterische Praxis
im Kunstunterricht der Sekundarstufe I

herausgegeben von Margot Michaelis
bearbeitet von Rainer Grimm

Druck A [1] / Jahr 06

Alle Drucke der Serie A sind im Unterricht parallel verwendbar.

Redaktion: Kerstin Meyer, Braunschweig
Herstellung: Sabine Schmidt, Hannover
Grafik: Pfannenschmidt, Hannover
Layout und Satz: Jesse Konzept & Text GmbH, Hannover
Umschlag: Janssen/Kahlert, Hannover
Druck und Bindung: PVA, Landau

ISBN 978-3-507-**10029**-9

Inhalt

Zu diesem Heft

1 Hier kannst du einen Versuch machen: Halte das linke Auge zu und schaue mit dem rechten Auge auf das Kreuz. Dann nähere dich dem Blatt – irgendwann gibt es eine Stelle, an der du den Punkt nicht mehr wahrnimmst. Entsprechendes kannst du auch mit dem anderen Auge machen – dann musst du den Punkt fixieren, daraufhin wird das Kreuz verschwinden.

Sehen – nicht nur Sache der Augen

Die Erklärung für das Phänomen liegt darin, dass es auf der Netzhaut einen sogenannten „blinden Fleck" gibt: Weil dort keine lichtempfindlichen Zellen, Rezeptoren, vorhanden sind, können wir an dieser Stelle nichts sehen. Doch im alltäglichen Sehen fällt uns der „blinde Fleck" nicht auf. Das liegt daran, dass das Sehen nicht nur von den Augen, sondern auch vom Gehirn vollzogen wird: Das Auge als Organ hat die Funktion, „Bilder" der Wirklichkeit aufzunehmen und sie weiterzuleiten ins Sehzentrum des Gehirns, wo sie verarbeitet werden. Was wir erkennen, hängt daher nicht nur davon ab, welche Reize wir mit den Augen wahrnehmen, sondern auch davon, wie das Gehirn diese Reize verarbeitet.

Wahrnehmen geschieht normalerweise so selbstverständlich und sicher, dass man sich keine Gedanken darüber macht. Es tritt gewissermaßen hinter das, was man wahrnimmt, zurück. So kann sich der Mensch mit den für ihn wichtigeren Dingen – nämlich mit dem, was er sieht – beschäftigen. Viele Menschen meinen daher auch, es habe Beweischarakter, wenn sie betonen, etwas „mit eigenen Augen gesehen" zu haben. Dabei kann man sich beim Sehen ziemlich irren! Sicher ist es dir auch schon passiert, dass du etwas zu sehen meintest, wovon sich hinterher herausstellte, dass es etwas ganz anderes war.

Im Alltag kommt es zu Täuschungen meist in Ausnahmesituationen – etwa wenn die Beleuchtung sehr schlecht ist. Weil aber gerade Täuschungen die Grenze zwischen Wahrnehmen und Erkennen aufzeigen können – also zwischen dem, was das Auge sieht, und dem, wie das Gehirn das Bild verarbeitet –, eignen sie sich besonders, um deulich zu machen, unter welchen Bedingungen sich das Sehen vollzieht und wovon es beeinflusst wird. Psychologen haben daher sogenannte Wahrnehmungstäuschungen entwickelt, um ungewöhliche Erscheinungen gezielt hervorzurufen. Einige wirst du in diesem Heft kennenlernen.

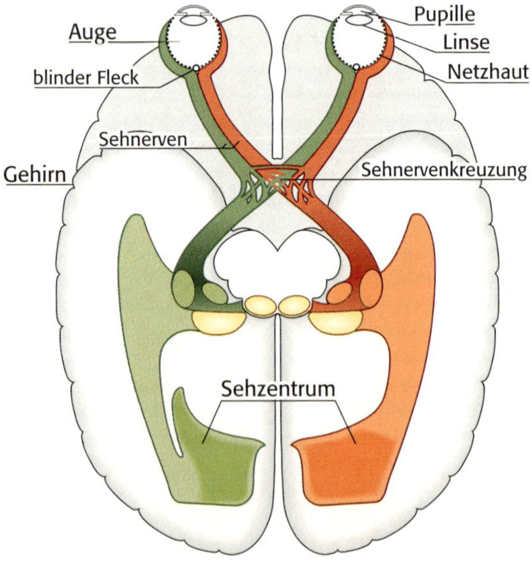

*Der Schnitt durch den Kopf von oben (Abbildung links) zeigt, wie Auge und Gehirn zusammenhängen: Durch die **Pupille** kann Licht in das Auge dringen. Hinter ihr befindet sich eine **Linse,** sie dient dazu, das Licht so auf die **Netzhaut** zu richten, dass ein scharfes Abbild entsteht. Auf der Netzhaut gibt es lichtempfindliche Rezeptoren, die das einfallende Licht so umwandeln, dass es im **Sehzentrum** verarbeitet werden kann. Der Transport dahin geschieht durch die **Sehnerven.** Die in der Zeichnung grün gezeichneten sind jeweils auf der linken Seite der Netzhaut beider Augen, die roten entsprechend auf der rechten. Die **Sehnervenkreuzung** bewirkt, dass wir – obwohl wir ja mit beiden Augen zwei leicht unterschiedliche Bilder erhalten – ein einheitliches Bild sehen.*

Doch nicht nur unter wissenschaftlichen Aspekten werden Fragen der Wahrnehmung untersucht. Auch Künstlerinnen und Künstler beschäftigen sich – wenn auch nicht immer bewusst – damit. Denn für jeden, der zeichnet, malt, mit Ton formt oder etwas baut, ist die Frage entscheidend: Wie muss ich mein Motiv abbilden, damit ein anderer das sieht, was ich beabsichtige? Das gilt nicht nur für die Absicht, auf einer zweidimensionalen Bildfläche eine möglichst „wirklichkeitsgetreue" Wiedergabe des Sichtbaren zu erzielen, sondern auch für die Absicht, dem Sichtbaren – beispielsweise durch eine übersteigerte Farbgebung oder durch Formveränderungen – einen besonderen Ausdruck zu geben.

Der belgische Künstler René Magritte (1898–1967) macht uns darauf aufmerksam, dass wir uns nicht nur in der Rolle der Gestaltenden, sondern auch in der Rolle der Betrachter darüber bewusst sein müssen, dass die wahrgenommene Wirklichkeit nicht mit dem gestalteten Bild gleichzusetzen ist. Das ist besonders deswegen eine wichtige Erkenntnis, weil wir einen Großteil unseres Erlebens und Wissens aus Bildern beziehen und nicht aus Erfahrungen von Wirklichkeit: Bilder aber zeigen immer bereits „verarbeitete" Wirklichkeit.
Genau genommen siehst du hier eine (gedruckte) Abbildung einer Abbildung (des Gemäldes von Magritte), die eine Abbildung (ein Bild auf einer Staffelei) zeigt. Was also hat der Künstler gesehen, was hat er abgebildet – und was sehen wir?

Wie du das Arbeitsheft benutzen kannst

In diesem Themenheft geht es um die beiden eng miteinander verbundenen Bereiche des Wahrnehmens und des Abbildens. Zunächst werden Aspekte der Wahrnehmung dargestellt. Aus diesen entwickeln sich dann jeweils verschiedene Möglichkeiten des Abbildens. Unter anderem wird dabei gezeigt, wie eine Perspektive konstruiert oder wie Gegenstände zeichnerisch frei auf ein Blatt übertragen werden können. Neben Abbildungen von Kunstwerken findest du immer auch solche, die speziell für Untersuchungen der menschlichen Wahrnehmungsfähigkeiten entwickelt worden sind.

Anregungen dafür, wie du Gelesenes überprüfen und Gelerntes ausprobieren kannst, geben dir viele Aufgaben zu den einzelnen Themen.
Am Schluss des Heftes – auf Seite 31 – findest du das „Kleine Lexikon des Wahrnehmens und Abbildens". Dort sind die im Heft mit ▸ gekennzeichneten Fachbegriffe noch einmal zusammengestellt und erklärt.

René Magritte: La Cascade, 1961, Öl auf Leinwand. London, Christie's

Abbildungs-Werkzeuge

Für die Arbeit mit diesem Heft brauchst du die Zeichen- und Malmaterialien, die du üblicherweise auch sonst im Kunstunterricht benutzt: **Bleistifte** der Härtegrade HB und B, **Buntstifte**, einen guten **Radiergummi, Faserschreiber, Deckfarbenkasten** und **Haarpinsel.** Zudem benötigst du ein mindestens 30 cm langes **Lineal** und ein **Geodreieck.** Wenn für die Bearbeitung einzelner Arbeitsaufträge ein anderes Material notwendig wird, ist das in den Aufgaben angegeben.
Neben dem **Zeichenblock** in DIN A3 solltest du für Übungen auch einfaches **Schreibpapier** in der Größe DIN A4 benutzen, dann kannst du die Übungsergebnisse in einer Mappe abheften. Außerdem solltest du dir einen Block mit **Transparentpapier** anschaffen. Für die geordnete Sammlung bereits bearbeiteter Blätter brauchst du eine **Mappe**, damit du jederzeit noch auf Entwürfe zu einzelnen Aufgaben zurückgreifen kannst.

Wahrnehmen und erkennen

Im Allgemeinen haben wir keine Schwierigkeiten damit, etwas als Form oder Figur und etwas anderes als Grund oder Hintergrund zu erkennen. Selbst wenn wir nur wenige Flecken oder Ausschnitte einer Figur sehen, neigen wir dazu, diese als Gestalt zu deuten. Wie aber kommt es dazu, dass wir nicht nur helle und dunkle Flecken sehen, sondern ganze Figuren? Dieser Frage kannst du anhand der folgenden Zeichnungen nachgehen.

Schau dir diesen Strich an – natürlich ist er auf das Papier gezeichnet worden. Aber man sieht ihn auch *auf* dem Papier. Hier hat man das Gefühl, dass der Strich die Figur ist, die sich auf einem Grund befindet. Das ist nicht so selbstverständlich, wie man vielleicht zunächst denkt.

Wenn man sich nämlich diesen „Linienhaken" ansieht, scheint der Bereich in dem Winkel zwischen den beiden Strichen etwas anders auszusehen als der Bereich auf der linken Seite davon: Die eingegrenzte Fläche tendiert etwas mehr zur „Figur" oder „Form" als die andere.

Bei dem doppelten „Linienhaken" ist der Bereich zwischen den parallelen Strichen jetzt eindeutig zur „Form" oder „Figur" geworden. Diese Empfindung stellt sich ein, obwohl die Striche nach unten und oben offen sind und die Fläche zwischen ihnen genauso aussieht wie das übrige Papier.

Möglicherweise erkennst du in diesen wenigen Strichen jetzt schon eine Art Männchen: Die Schleifenformen oben links könnten so etwas wie Haare darstellen, und der doppelte „Linienhaken" wäre ein Arm. Das Gehirn leistet nun in der Tat etwas Erstaunliches: Aus wenigen Informationen ziehen wir Schlüsse, ohne dass uns dieses bewusst wird.

Jetzt ist es sicher für jeden klar: Auf der rechten Seite ist ein Gesicht im Profil zu sehen, damit gibt es keinen Zweifel mehr daran, dass es sich um ein Männchen handelt. Erstaunlich ist dabei, dass wir beim Betrachten den Raum zwischen Profil und Haaren selbst ausfüllen.
Daran ist zu erkennen, dass man als Zeichner gar nicht immer alles zeichnen muss – wenn man einige wenige richtige Andeutungen macht, ergänzt der Betrachter den Rest. Die meisten Cartoons leben genau von dieser Offenheit – und vielleicht hängt der Spaß, den wir beim Betrachten solcher Zeichnungen haben, gerade damit zusammen, dass wir dabei selbst etwas zu ihrer Vervollständigung beitragen.

Nun sind noch der zweite Arm, Hände und ein Auge dazugekommen. Dabei scheint der linke Arm deutlich *hinter* der Figur zu sein – obwohl die beiden Striche nicht einmal mit dem Körper verbunden sind. Die Hände sind wie das Auge nur angedeutet durch einfache „Krakel".

1 Kopiere die Figur mehrfach und schneide die Einzelteile auseinander. Zeichne sie dann jeweils so weiter, dass neue Bedeutungen entstehen.

2 Pause Fotos von Menschen aus Zeitschriften durch. Vereinfache sie anschließend so, dass gerade noch erkannt werden kann, um was es sich handelt.

3 Zeichne einen „Krakel" auf ein Blatt und gib es weiter. Deine Mitschülerin oder dein Mitschüler deutet anschließend deinen „Krakel", indem sie/er ihn zu einer Figur weiterzeichnet. Betrachtet gemeinsam die Ergebnisse.

Das Männchen hat jetzt noch Beine bekommen, und in der linken Hand hält es eine Säge. Dabei sieht man deutlich, dass sie in etwas stecken muss. Und obwohl nur zwei Linienhaken gezeichnet wurden, scheint das linke Bein hinter dem anderen zu sein.
Das alles erscheint selbstverständlich. Dennoch ist das für Künstler und alle, die sich mit Wahrnehmung beschäftigen, ein wichtiges Phänomen. Der Fachbegriff dafür ist ▸Überdeckung. Tatsächlich nehmen wir meist nur Teile von etwas wahr – der Rest wird von uns dennoch immer ergänzt und daher mitgesehen.

Das Prinzip der Überdeckung ist bei den nebenstehenden Zeichnungen gut zu erkennen: Links sieht man zwei Rechtecke, von denen das eine teilweise verdeckt wird. Diese Darstellung beruht auf der ▸Ökonomie der Wahrnehmung: Wir neigen immer dazu, die einfachere Form – hier das Rechteck statt des umgekehrten „L" – zu erkennen.

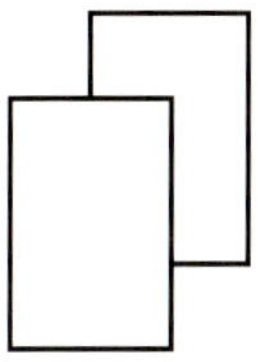

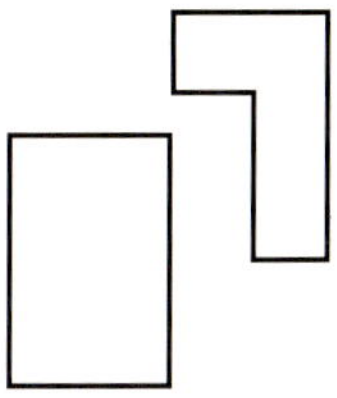

Nun ist das endgültige Ergebnis zu sehen: Das Männchen hat einen Kreis ausgesägt, fast ist dieser vollendet – und man kann gewissermaßen in die Zukunft sehen. Man „sieht", dass es gleich … nur wenige Zentimeter fehlen … in sein selbst gesägtes Loch fallen wird. Erstaunlich dabei ist auch, dass wir die Form unten als Kreis sehen – tatsächlich handelt es sich ja um eine Ellipse. Das geschieht natürlich nur dadurch, dass wir sie mit der Figur in Verbindung bringen und sie als mit ihr auf einer Ebene liegend wahrnehmen.

Einfache Möglichkeiten der Raumdarstellung

Joachim Patinir und Quentin Massys: Die Versuchung des heiligen Antonius, um 1520, Öl auf Leinwand, 155 x 173 cm. Madrid, Prado

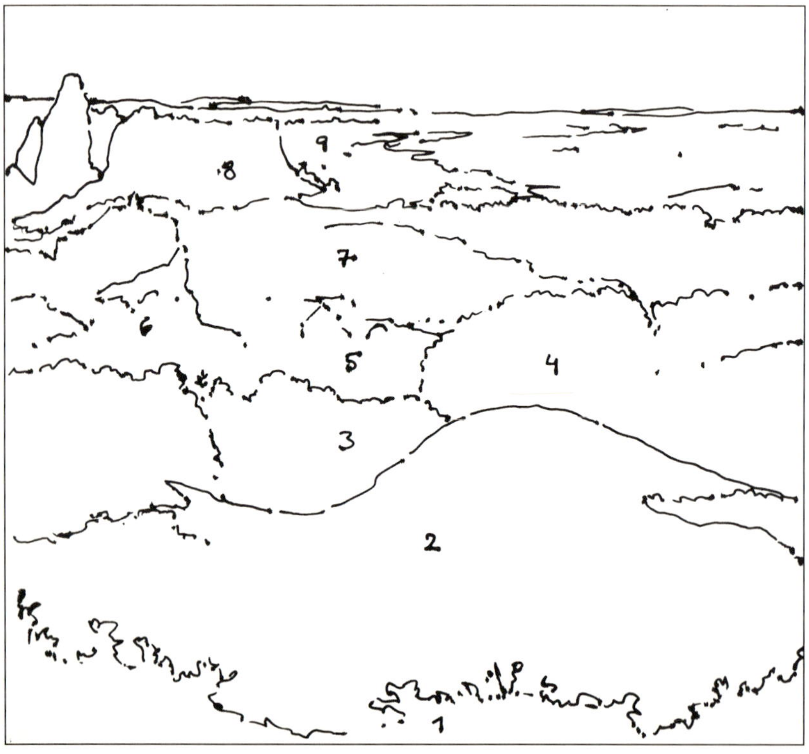

Schemazeichnung

Wenn man etwas gegenständlich malen oder zeichnen will, stellt sich die Schwierigkeit, eine Landschaft, ein Haus oder einen Körper – all das, was dreidimensional vorhanden ist – auf die zweite Dimension zu reduzieren. Malerinnen und Maler haben über Jahrhunderte daran gearbeitet, dieses Problem zu lösen. Ein recht einfaches Mittel, das schon sehr früh eingesetzt wurde, um zu zeigen, dass sich etwas hinter etwas anderem befindet, ist die ▸ Überdeckung. Daneben gibt es aber noch andere ▸ Raum schaffende Faktoren.

Das abgebildete Gemälde ist ein Gemeinschaftswerk der flämischen Maler Joachim Patinir (um 1480–1524) und Quentin Massys (1466–1530). Wie zu Beginn des 16. Jahrhunderts üblich, hatten sich beide auf ausgewählte Motive spezialisiert: Während die Landschaftsdarstellung Patinir zugeschrieben wird, gilt Massys als Maler der Figuren.

Da Landschaftsmalerei noch keine eigenständige Gattung der Malerei war, diente sie zur Zeit Patinirs vor allem dazu, Kulissen religiöser Motive zu schaffen – wie hier der Versuchung eines Heiligen durch den Teufel in Gestalt schöner Frauen.

Anhand von Zeichnungen, die an verschiedenen Orten entstanden waren, komponierte Patinir seine Landschaftsbilder im Atelier, sodass – wie bei dem abgebildeten Werk – in eine weite Überblickslandschaft auch bizarre Felsformationen eingebunden werden konnten. Den Landschaftsraum schuf der Maler – wie andere seiner Zeitgenossen auch – mithilfe sogenannter ▸ Raumpläne. Die Zeichnung zeigt, wie der Künstler sie angelegt hat.

1 Beschreibe den Aufbau der dargestellten Landschaft anhand der Schemazeichnung. Erläutere dabei, wie mithilfe der Raumpläne der Bildraum in Vorder-, Mittel- und Hintergrund gegliedert wird. Verwende den Begriff der ▸ Überdeckung.

2 Bildet Gruppen und sucht Orte, an denen deutlich wird, wie sich Landschaftssegmente ineinanderschieben, sodass interessante Raumpläne entstehen. Erstellt eine fotografische Reihe von Landschaften mit verschiedenen Raumplänen.

Neben den hintereinander gestaffelten Raumplänen setzte Patinir in seinem Gemälde weitere Mittel ein, die dazu dienen, die räumlichen Beziehungen der Gegenstände zueinander zu verdeutlichen. Sie beziehen sich sowohl auf das Verhältnis der Bildfläche zur Position, Größe und Detailliertheit der Bildgegenstände sowie auf deren farbliche Wiedergabe. So arbeitete Patinir mit dem Mittel der ▸Farbperspektive: Je näher die Landschaftselemente dem Betrachter erscheinen sollen, umso wärmere Farben werden gewählt und umso stärker wird mit Kontrasten gearbeitet. Das entspricht unserer Wahrnehmung der Farben von Gegenständen in einem Landschaftsraum: Atmosphärische Einflüsse – etwa Feuchtigkeit – lassen die Farben der Dinge umso kälter erscheinen, je größer unsere Entfernung zu ihnen ist.

Die folgende Tabelle fasst die Vorgehensweise des Malers zusammen:

Motiv	**Darstellung im Bild**				
	Höhenlage	Größe	Detailliertheit	Überdeckung	Farbe
hinten	(weiter) oben	kleiner	weniger Details; Konturen werden undeutlicher	wird teilweise überdeckt	kälter, zunehmende Verwendung von Blautönen („verblauen"); weniger Kontrast
vorn	(weiter) unten	größer	detailreicher	überdeckt teilweise	wärmer, verstärkte Verwendung von Brauntönen; mehr Kontrast

3 Überprüft gemeinsam die in der Tabelle zusammengestellten Aspekte der Bildgestaltung (Position, Größe, Detailliertheit, Überdeckung und Farbe) an dem abgebildeten Gemälde Patinirs. Erläutert sie anhand von Beispielen.

4 a) Zeichne eine Landschaft mit Raumplänen nach einem deiner Fotos. Gestalte sie farbig, indem du das Mittel der Farbperspektive einsetzt.
b) Klebe Ausschnitte von Fotos, die Figuren oder Gegenstände zeigen, in dein Bild. Versuche, den Betrachter zu verwirren, indem du durch Umkehrung der Größenverhältnisse den wirklichkeitsnahen Raumeindruck veränderst.

Tipp:

Um den Eindruck von Räumlichkeit zu verstärken, kannst du Teile der Figuren verdeckt erscheinen lassen, indem du den Untergrund an der Stelle, von der die Figur verdeckt werden soll, mit einem Cutter einschneidest, die Figur in den Spalt schiebst und festklebst.

Nachbilder und Kontraste

Die Künstlerin Bridget Riley (geboren 1931) nannte das hier abgebildete Gemälde „Weiße Scheiben" – und auf den ersten Blick mag man sich fragen, wie sie auf den Titel gekommen ist, denn man sieht doch nur schwarze Scheiben, oder?

1 Betrachte die Abbildung und versuche, den Bildtitel zu erklären.

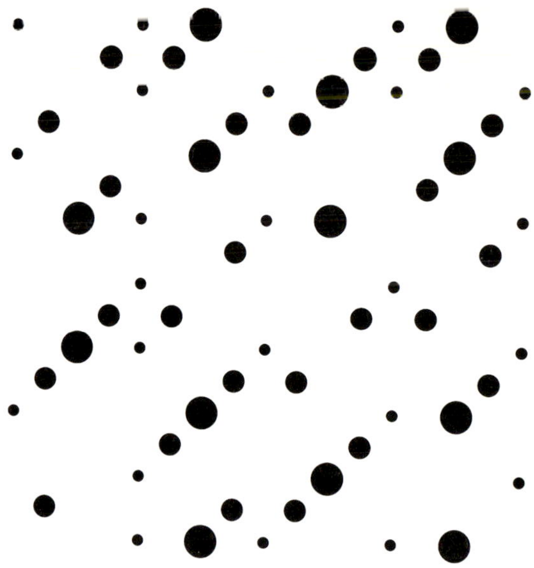

Bridgett Riley: Weiße Scheiben 1, 1964, Emulsionsfarbe auf Karton, 132 x 132 cm. Privatsammlung

Nicht erst durch die Verarbeitung des Seheindrucks im Gehirn kann das Sichtbare von dem Gesehenen abweichen. Schon die Rezeptoren auf der Netzhaut, mit denen wir Helligkeiten und Farben wahrnehmen, verändern ein gegebenes Bild. Schaust du beispielsweise zuerst in helles Licht und danach auf eine Wand, siehst du dort einen dunklen Fleck, der deiner Augenbewegung zu folgen scheint: ein Nachbild, man sagt dazu auch Sukzessivkontrast. Diese Fähigkeit des Auges beziehen Künstler in ihre Werke oft intuitiv ein.

2 Schau dir das Herz etwa eine Minute lang an und blicke danach auf eine weiße Fläche, zum Beispiel auf ein Blatt Papier oder eine Wand. Beschreibe, was du siehst.

Nachbilder entstehen auch bei farbigen Darstellungen. Das liegt daran, dass es im Auge Rezeptoren für Grün, Rot und Blau gibt. Wenn man nun lange genug auf diese Farben schaut, ermüden die Rezeptoren und produzieren – nach Blickwechsel – die jeweilige Komplementärfarbe: Bei dem Herz sind es Magenta zu Grün und Cyanblau zu Rot.

Von größerer Bedeutung als der Sukzessivkontrast ist für die Malerei der Simultankontrast. Schau dir die abgebildeten Rechtecke an: Die kleinen Quadrate in der Mitte haben objektiv alle denselben Grauton. Du kannst das mithilfe einer Schablone nachprüfen, indem du in ein weißes Blatt im Abstand der Quadrate kleine Löcher schneidest und die Flächen so vor identischem Hintergrund auf ihren Grauwert hin vergleichst.

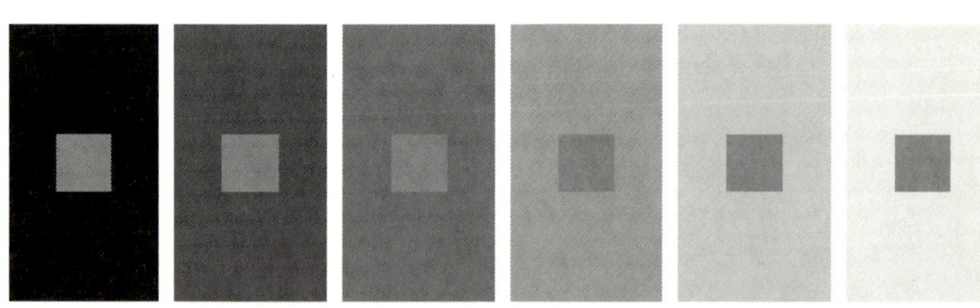

Auch im Bereich der Farbe tritt der Simultankontrast auf: Anhand der nebenstehenden Abbildung kannst du das gut erkennen, wenn du die Mittellinie, an der Rot und Grün aufeinandertreffen, mit einem weißen Papierstreifen abdeckst und anschließend den Braunton vor rotem und grünem Grund betrachtest.

Gleichzeitig (simultan) wahrzunehmende Farbtöne wirken verschieden auf die Rezeptoren der Netzhaut. Diese werden unterschiedlich stark angeregt, sodass wir im Prozess des Sehens die Intensität jedes Farbtons anders empfinden, je nachdem, neben welchem Farbton er steht: Ein reines Rot nehmen wir eher als Orange wahr, wenn es einen blauen Hintergrund hat, da die blaue Fläche die Rezeptoren reizt, Orange – die Komplementärfarbe zu Blau – zu bilden.
Weil sich das Aussehen einer Farbfläche durch den Einfluss benachbarter Farben ändert (sie kann heller oder dunkler, frischer oder trüber wirken), muss ein Künstler unter Umständen verschiedene Farbtöne wählen, wenn er bei unterschiedlichen Umgebungsfarben eine einheitliche Wirkung erzielen will. Umgekehrt kann es sein, dass er für Flächen, die unterschiedlich wirken sollen, den gleichen Farbton verwenden kann.

Im 19. Jahrhundert setzte sich die philosophische Einsicht durch, dass die Wirklichkeit, das Wahrgenommene und das als „Wirklichkeit" Erkannte nicht identisch sind. Zunehmend begannen Künstlerinnen und Künstler, Erkenntnisse der Wahrnehmungsforschung in ihre Arbeiten einzubeziehen. Es entstanden eine ganze Reihe neuer Kunstrichtungen, die auf sehr unterschiedliche Arten das Verhältnis des modernen Menschen zur Wirklichkeit zum Thema hatten. Unter anderem versuchten die Vertreterinnen und Vertreter des **Expressionismus**, zu denen auch August Macke (1887–1914) – der Maler des abgebildeten Werkes „Türkisches Café I" – gehörte, den Ausdruck ihrer Motive gezielt zu steigern. Dazu setzten sie zum Beispiel bewusst starke Farbkontraste ein. Macke schuf sein Bild im Jahr 1914 nach einer Tunesienreise, auf der ihn besonders das helle Licht und die Farben Nordafrikas begeistert hatten.

August Macke: Türkisches Café I, 1914, Öl auf Sperrholz, 35,5 x 25 cm. Bonn, Städtisches Museum

3 a) Beschreibt das Bild gemeinsam. Geht dabei besonders auf die vorherrschende Stimmung ein.
b) Schneide mit einem Cutter aus einem Bogen weißen Papiers eine Fläche von etwa 3 x 3 cm heraus, sodass du einen Rahmen erhältst. Untersuche damit die Abbildung auf Simultankontraste und erläutere, wie sie wirken.

4 Erstelle eine Durchzeichnung des Bildes und kopiere sie mehrfach im Format DIN A4. Fertige mehrere Farbskizzen an, in denen du die Farbzusammenstellung veränderst. Dabei soll eine im Bild vorkommende Farbe bestehen bleiben (zum Beispiel das Rot in der Markise, in den Möbeln, im Turban usw.), die anderen aber ersetzt werden. Beschreibe, wie sich die Stimmung des Bildes verändert.

Expressionismus

Vertreterinnen und Vertreter dieser Kunstrichtung, die zu Beginn des 20. Jahrhunderts in Deutschland entstand, versuchten, mit ihren Werken innere Haltungen, Gefühle und Stimmungen zum Ausdruck zu bringen. Dafür setzten sie gezielt die künstlerischen Gestaltungsmittel ein: Oft gaben sie Bildgegenstände mit deutlich verzerrten äußeren Formen wieder, übersteigerten ihre Farben und arbeiteten mit starken Kontrasten.

Figur oder Grund?

Auf der Netzhaut des Auges wird alles nebeneinander abgebildet. Wir erkennen die Dinge aber vor- bzw. hintereinander. Schauen wir in einem Raum etwa auf Tische, Stühle oder einen Schrank, dann sehen wir jedes dieser Dinge vor etwas anderem. Die Wahrnehmungspsychologie geht davon aus, dass wir immer zwischen ▸Figur und Grund trennen. Schwierigkeiten bei der Unterscheidung von Figur und Grund kann es vor allem bei Gemälden, Zeichnungen oder Fotos geben, da es sich dabei um flächige Darstellungen handelt.

1 a) Betrachte die obere Abbildung. Beschreibe, was du auf beiden Seiten als Figur und was du als Grund erkennst.
b) Versuche eine Erklärung dafür zu finden, warum Figur und Grund ineinander übergehen und sich schließlich umkehren. Beachte dabei vor allem die Größe der Flächen, die in unmittelbarer Beziehung zueinander stehen.

2 a) Bei der nebenstehenden Abbildung werden meist die weißen Flächen als Figur und die violetten als Grund wahrgenommen. Woran mag das liegen?
b) Pause die Abbildung mit Bleistift durch und verändere die Formen so, dass das Violett als Figur und das Weiß als Grund gesehen wird.

M. C. Escher: Befreiung, 1955, Lithografie, 44 x 20 cm. Privatbesitz

Das abgebildete Werk des niederländischen Malers und Grafikers M. C. Escher (1898–1972) zeigt im unteren Bildbereich helle und dunkle Dreiecke, die sich wie Kacheln ineinanderschieben. Hier sind Figur und Grund also autauschbar. Nach oben hin verändern sich die Formen aber so, dass es eine immer klarere Trennung von Figur und Grund gibt – bis im oberen Bildbereich sehr unterschiedliche Vögel vor einem weißen Himmel stehen.

3 a) Beschreibe genau, wie der Künstler den Übergang vom unteren zum oberen Bildbereich gestaltet hat.
b) Zeichne selbst einfache Formen, die wie Kacheln ineinanderpassen. Verändere dann die Formen so, dass ein eindeutiges Figur-Grund-Verhältnis entsteht.

Im unteren Teil der Grafik Eschers wird ein Phänomen wirksam, das in der Wahrnehmungsforschung als ▸ Kippfigur bezeichnet wird: Je nachdem, auf welche Flächen – die hellen oder die dunklen – die Aufmerksamkeit gerichtet wird, werden diese jeweils als Figur wahrgenommen.
Das nebenstehende Beispiel für eine Kippfigur, der sogenannte Rubin'sche Becher, ist von dem Wahrnehmungspsychologen Edgar John Rubin (1886–1951) zu wissenschaftlichen Zwecken entwickelt worden. Was siehst du zuerst, wenn du die Abbildung anschaust?

4 a) Beschreibe, wodurch die Figur ins Kippen gerät. Zeichne einen eigenen Rubin'schen Becher.
b) Verändere die Figur dabei so, dass eindeutig der Becher zu sehen ist.
c) Verändere sie so, dass eindeutig die Profile zu sehen sind.

Salvador Dalí: Der Sklavenmarkt und die unsichtbare Büste Voltaires, 1940, Öl auf Leinwand, 46,5 x 65,5 cm. St. Petersburg/Florida, Dalí-Museum

Der spanische Künstler Salvador Dalí (1904–1989) fasste als Vertreter der Kunstrichtung Surrealismus Erscheinungen aus Traum oder Fantasie als „tiefere" Wirklichkeit auf. Um diese ins Bild zu setzen, bediente er sich unter anderem der Kippfigur, zum Beispiel in seinem Werk „Der Sklavenmarkt und die unsichtbare Büste Voltaires".

5 a) Finde heraus, wo der Künstler die Kippfigur versteckt hat.
b) Recherchiere die Bedeutung des Titels.
c) Beschreibe genau, wie er es geschafft hat, den Eindruck einer Kippfigur zu erzeugen.
d) Zeichne die Figuren, die das Gesicht bilden, ab und verändere sie so, dass der Gesichtsausdruck ein anderer wird, die Kippfigur aber bestehen bleibt.

Die Parallelprojektion

Einen Körper in seiner räumlichen Ausdehnung auf einer Bildfläche wiederzugeben, ist nicht einfach. Ein in der ganzen Welt gebräuchliches Mittel der Körperdarstellung ist die ▸Parallelprojektion, die sich besonders für die Wiedergabe von Körpern eignet, deren Grundform – wie bei den meisten Häusern – auf den Quader oder den Würfel zurückgeführt werden kann. Dazu werden alle in die Tiefe führenden Linien auf der Fläche parallel gezeichnet, wobei sie immer in dem gleichen Winkel zur Grundlinie verlaufen: Beim oberen Beispiel, bei dem die vordere Kante des Würfels parallel zur Grundlinie dargestellt ist und der Würfel frontal zum Betrachter zu stehen scheint, sind es 45 Grad. Bei der Zeichnung unten – dort scheint der Würfel übereck zum Betrachter zu stehen – beträgt der Winkel zur Grundlinie 30 Grad.

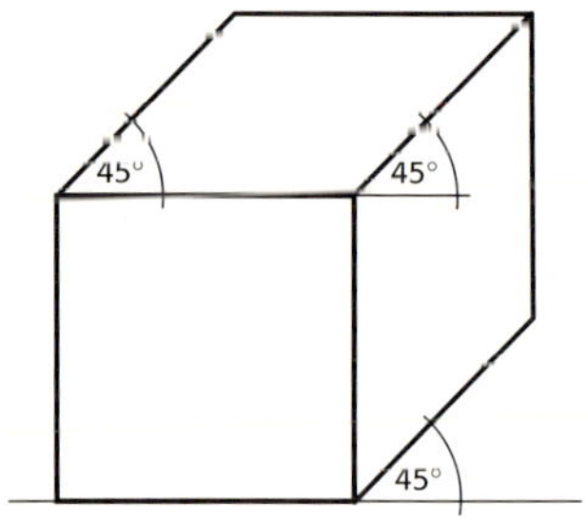

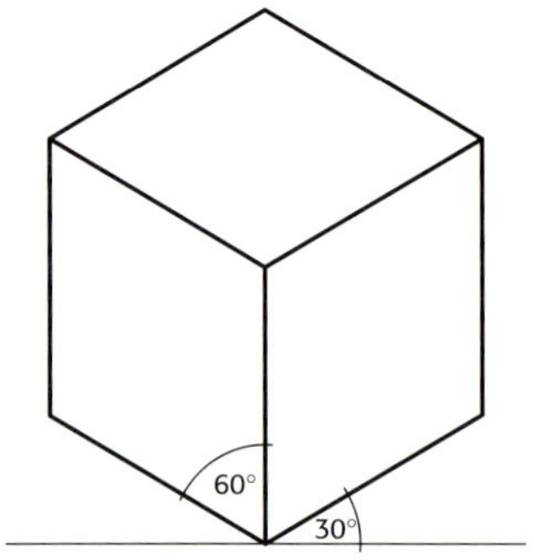

1 Zeichne selbst einige geometrische Körper in Parallelprojektion. Probiere die beiden vorgestellten Varianten aus.

2 Such dir eine der beiden Varianten aus, um ein größeres Bild zu gestalten. Stell dir vor, du siehst leicht von oben etwa auf eine Stadt mit Wolkenkratzern.

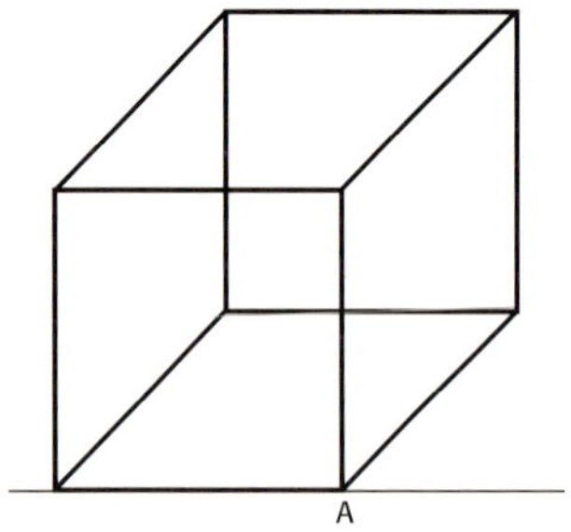

Diese Art der Darstellung kann aber auch zu Mehrdeutigkeiten führen. Bei dem nebenstehenden Beispiel sind einfach noch zusätzliche Verbindungen so eingezeichnet worden, als ob es sich um einen Würfel aus Drahtstäben handelte. Siehst du die mit A bezeichnete Ecke vorn oder hinten? Versuche, das Bild zu „kippen"!

An dieser Stelle wird ein weiteres Problem deutlich: Weil wir uns im Prozess des Wahrnehmens unbewusst an Formzusammenhängen größtmöglicher Einfachheit und Einprägsamkeit orientieren, ist es nicht selbstverständlich, dass wir bei einer Darstellung tatsächlich das Gemeinte erkennen. Wenn man gegenständlich zeichnet, ist es daher wichtig, für die Darstellung bewusst eine Ansicht zu wählen, die dem Betrachter ein einfaches Erkennen des Motivs ermöglicht. Die nebenstehenden Zeichnungen verdeutlichen das: Immer ist der gleiche Körper, ein Würfel, dargestellt. Da aber unterschiedliche Ansichten gewählt wurden, erscheint er jedes Mal wie eine andere geometrische Figur.

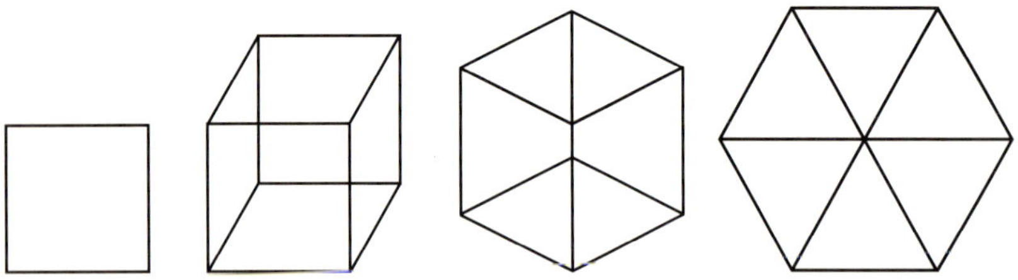

3 a) Benenne die verschiedenen Ansichten so, wie sie dir jeweils erscheinen.
b) Partnerarbeit: Findet heraus, warum der Würfel nur in der zweiten Ansicht einfach zu erkennen ist.
c) Erstelle in Anlehnung an die Zeichnungen 3 und 4 einfach zu erkennende Ansichten des Würfels, indem du einige Linien veränderst.

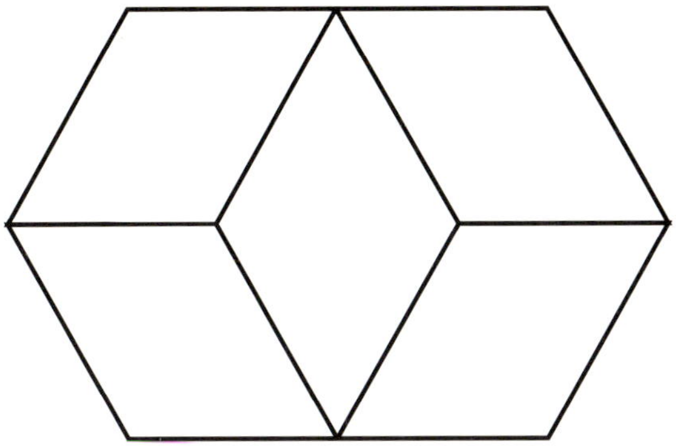

Thièrys Figur

Auch bei diesem Beispiel scheint die Figur zu „kippen". Die Figur wird nach ihrem Erfinder „Thièrys Figur" genannt. Wenn du auf die Raute in der Mitte schaust, kannst du auf der linken Seite einen Würfel sehen – auf der rechten Seite siehst du dann zwei Flächen, von denen die obere senkrecht an der Kante des Würfels steht und die untere liegt. Im nächsten Augenblick kippt die Figur aber – dann siehst du rechts den Würfel und auf der linken Seite Flächen, die ihn begrenzen.

4 Zeichne einfache Quader oder Würfel so, dass sie beim Betrachten „kippen".

Die Op-Art (Optical Art) ist eine Stilrichtung der Malerei, die mithilfe von geometrischen Formen und ausgewählten Farben im Auge des Betrachters Täuschungseffekte hervorruft. Viele Op-Künstler – wie etwa Victor Vasarely (1906–1997) – haben sich mit dem Phänomen der Kippfigur beschäftigt. Betrachtet man die Abbildung seines Gemäldes eine Weile, stellt sich der Eindruck des „Kippens" immer wieder ein, etwa wenn der Blick auf die roten Punkte und kurz danach auf die darüber angeordneten blauen Punkte fällt.
Augentäuscher-Bilder wie dieses sind bereits aus früheren Jahrhunderten bekannt: In manchen Kirchen des Mittelalters wurde der Fußboden so mit Mosaiken ausgelegt, dass diese die Darübergehenden in ihren Bewegungen verunsicherten. Auch zur Oberflächengestaltung von Möbeln wurden solche Muster verwendet.

5 Entwickle mit der oben vorgegebenen Figur ein eigenes „Augentäuscher-Bild". Setze in einem nächsten Gestaltungsschritt auch Farbe ein, indem du einzelne Flächen unterschiedlich füllst.

6 Suche in Kunstkatalogen oder im Internet weitere Bilder der Op-Art, die in Parallelprojektion konstruiert sind, und stelle sie deinen Mitschülerinnen und Mitschülern vor.

7 Gestalte mit einem eigenen Muster einen selbst gewählten Gegenstand – etwa einen Würfel, einen Quader oder auch eine Pyramide.

Op-Art

Seit Mitte der 1950er-Jahre entstandene Kunstrichtung, die mit ausgeklügelt komponierten Farbflächen und Linienstrukturen optische Effekte hervorrief, indem sie darauf zielte, bestimmte Aktivitäten des Auges anzuregen. So entsteht bei der Betrachtung von (statischen) Werken der Op-Art – etwa Gemälden – häufig der Eindruck von Bewegung oder Vibration. Als wichtige Vertreter der Op-Art gelten Victor Vasarely und Bridget Riley (Abbildung S. 10).

Victor Vasarely: Hatos II, 1966, Tempera auf Karton, 22 x 22 cm.

Unmögliche Objekte

Unmögliche Objekte sind eine besondere Art von Täuschungen: Es sind Figuren, die zwar auf dem Papier existieren – da sehen sie auch körperhaft aus –, doch sind sie so konstruiert, dass es sie nicht wirklich geben könnte. Meist sind sie mit Hilfe der Parallelprojektion gezeichnet.

Die abgebildete „Teufelsgabel" zum Beispiel könnte man nicht einmal einheitlich farbig gestalten: Würde man einen der „Zinken" anmalen, so ergäben sich nach nur wenigen Zentimetern Schwierigkeiten, wenn das, was eben noch Figur war, plötzlich zum Grund wird.
Auch der Elefant, die Säulen und die merkwürdige Treppe sind nach dem gleichen Prinzip konstruiert. Jedes Mal ergibt sich eine andere Ansicht, je nachdem von wo man auf die Zeichnungen blickt.

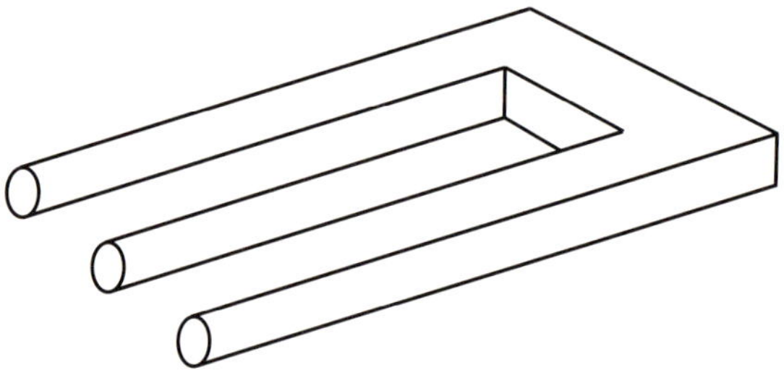

Roger N. Shepard, Beinliche Verlegenheit (L'egs istential Quanadary)

Roger N. Shepard, Dorisches Dilemma

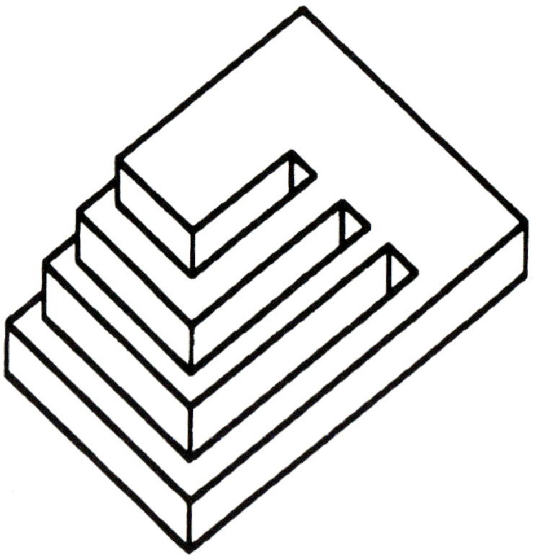

1. Schau dir die „Teufelsgabel" etwa eine Minute lang konzentriert an. Decke sie danach ab und versuche, sie aus der Erinnerung nachzuzeichnen. Vergleicht eure Ergebnisse in der Klasse.
2. Erfindet in kleinen Gruppen weitere Variationen der „Teufelsgabel": Kann es auch welche mit einer anderen Anzahl an „Zinken" geben? Was passiert, wenn die „Zinken" nicht gerade sind?
3. Überlege dir weitere Möglichkeiten, bei denen das Prinzip angewendet werden kann. Wie sieht es mit anderen Tieren aus? Skizziere zunächst mehrere dieser Überlegungen und führe dann eine sorgfältig aus.

Mehrfache Flächen

1 Betrachtet gemeinsam die Zeichnung des niederländischen Künstlers M. C. Escher und versucht herauszufinden, was hier nicht stimmt.

M. C. Escher, Belvedere, 1958, Lithografie, 46,1 x 29,5 cm. Privatbesitz

Die Zeichnung enthält sogenannte mehrfache Flächen: Flächen, die in ihrer scheinbaren Funktion mehrdeutig sind. Ähnlich wie bei den unmöglichen Objekten sind mehrfache Flächen als Zeichnung, aber nicht in der Wirklichkeit möglich. Die folgenden Abbildungen verdeutlichen, wie Escher bei der räumlichen Konstruktion vorging: Du siehst eine mithilfe der Parallelprojektion gezeichnete Torkonstruktion auf einem Schachbrettmuster. In Abbildung 1 steht die rechte Stütze des Tores auf Feld 2/2. Beschreibe, wie ihr Standort sich in den Abbildungen 2 und 3 verändert hat.

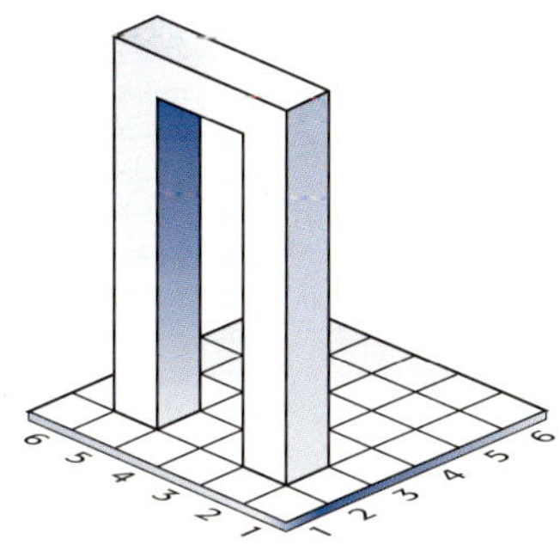

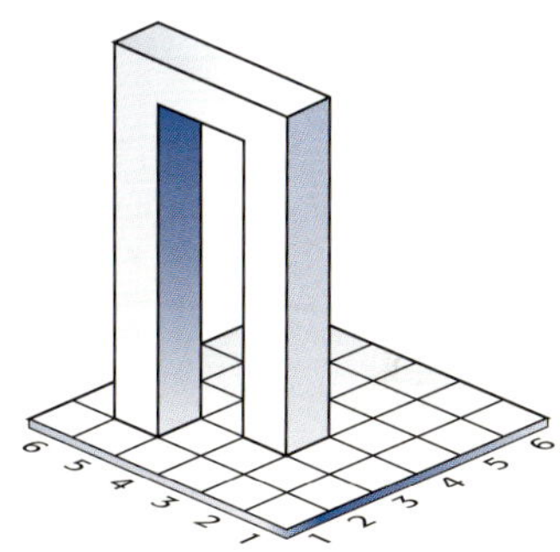

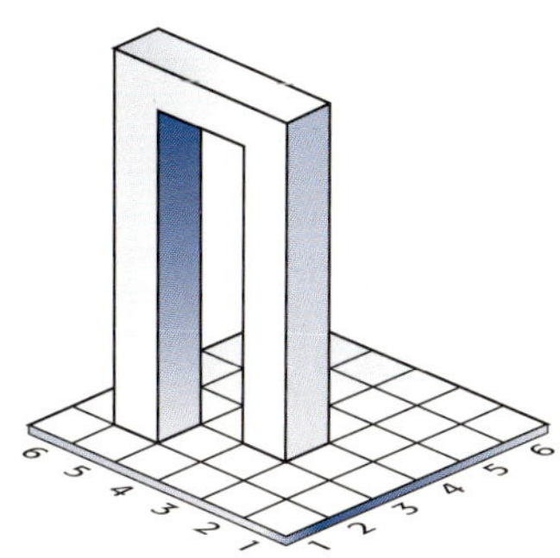

2 Ergänze die Reihe durch eine vierte Zeichnung, in der der rechte Pfeiler noch weiter verschoben erscheint.

3 Erfindet in der Gruppe weitere Varianten, die das vorgestellte Prinzip der Täuschung fortsetzen. Fertigt dazu Skizzen an.

4 Führe in Einzelarbeit eine der Skizzen genau aus und gestalte sie farbig.

Die Helligkeitskonstanz

Ein Farbton kann vor unterschiedlich farbigen Hintergründen verschieden erscheinen. Dieses Phänomen wird als Simultankontrast bezeichnet (Seite 10 f.). Andererseits können aber auch Farbtöne, die objektiv verschieden sind, als gleich wahrgenommen werden. Denn unser Gehirn verfügt über die Fähigkeit, objektiv bestehende Helligkeitsunterschiede zu ignorieren und Helligkeitskonstanz herzustellen. Beide Phänomene – der Simultankontrast und die Helligkeitskonstanz – lassen sich an der abgebildeten Darstellung belegen. Sie wurde von dem amerikanischen Wahrnehmungsforscher Edward J. Adelson entwickelt und zeigt eine Art Schachbrett, auf dem zwei Felder gekennzeichnet sind. Adelson verdeutlichte damit zunächst den Simultankontrast: Die Felder „A" und „B" haben nämlich objektiv den gleichen Grauton. Kaum zu glauben, oder?

Edward H. Adelson: Schattentäuschung, 1995

1 Überprüfe die Behauptung mithilfe einer Schablone. Erkläre, inwiefern das Motiv es erlaubt, die Felder in dem gleichen Grauton zu zeigen.

Francisco de Zurbaran: Kopf eines Mönches, Schwarze Kreide und Pinsel mit grauer Tinte auf Papier, 28 X 19,4 cm. London, British Museum

Doch obwohl wir nun sicher **wissen**, dass kein Farbunterschied besteht, gelingt es uns nicht, die beiden Felder als gleichfarbig wahrzunehmen. Immer sehen wir „A" als dunkles Feld und „B" als helles. Das hängt mit der Fähigkeit des Gehirns, Helligkeitskonstanz zu erzeugen, zusammen: Bei der Betrachtung der Flächen „A" und „B" beziehen wir gewissermaßen die Grauwerte des realen Schachbrettmusters ein: Weil wir wissen, dass „A" ein dunkles und „B" ein helles Feld darstellt, nehmen wir sie auch so wahr und können den Grauwert, in dem sie gestaltet sind, nicht erkennen.

Auch für die Betrachtung der Zeichnung „Kopf eines Mönches", die von dem spanischen Künstler Francisco de Zurbaran (1598–1664) stammt, spielt das Phänomen der Helligkeitskonstanz eine Rolle. Auffällig ist der Wechsel von hellen und dunklen Gesichtspartien. Dennoch stellt sich bei der Betrachtung nicht das Gefühl ein, der Mann sei an Wangen und Schläfe schwarz oder habe merkwürdige Flecken. Weil wir wissen, dass seine Gesichtsfarbe einheitlich sein muss, stellen wir sie uns trotz der objektiv vorhandenen Helligkeitsunterschiede auch einheitlich vor und schreiben die Dunkelheit ganz selbstverständlich den Lichtverhältnissen zu. Die dunkle Fläche unter der Nase interpretieren wir als Schlagschatten und rekonstruieren mit ihrer Hilfe, woher das Licht auf das Gesicht fällt.

2 Untersuche eine selbst gewählte Zeichnung oder ein Foto, das unterschiedliche Hell-Dunkel-Werte aufweist, und stelle es in der Klasse vor.

Hell-Dunkel als raumschaffender Faktor

Die Helligkeitskonstanz ist so beherrschend, dass wir sie, wie am Beispiel des Schachbretts gezeigt wurde, normalerweise kaum bemerken. Vor allem aber fällt es uns schwer, sie zu ignorieren. Es erfordert große Konzentration, Helligkeiten und Dunkelheiten, die durch Lichteinfall und Schattenwurf auf einem einfarbigen Körper entstehen, wahrzunehmen. Doch gerade das ist beim gegenständlichen Zeichnen oder Malen sehr wichtig, da die plastische Form eines Gegenstandes, zum Beispiel eines Gesichts, erst anhand der als Dunkelheiten wiedergegebenen Schattenpartien erkennbar wird.

Eine Kugel ist zeichnerisch-linear gesehen auf einer Fläche nichts anderes als ein Kreis. Um die Form körperhaft wahrnehmen zu können, muss man sie durch Hell-Dunkel so gestalten, dass die Rundung zu erkennen ist. Die Helligkeitskonstanz bewirkt dabei, dass wir die unterschiedlichen Helligkeiten als nur durch die Rundung bedingt erfassen.
Bei der links abgebildeten Kugel ist es nur der Eigenschatten, der die Form als Kugel definiert. Bei den beiden weiteren Kugeln unten kommen die Schlagschatten auf dem Boden dazu. Was sagen sie jeweils aus?

Mit reinem Hell-Dunkel kann man nicht nur Plastizität wiedergeben, sondern auch zeigen, wo sich etwas in einem Raum befindet. In beiden Beispielen ist allerdings noch ein wichtiges Element hinzugekommen: die ▸ Horizontlinie. Erst durch sie wird die Illusion eines sich im Raum befindenden Körpers wirksam.

3 Zeichne einen amorph geformten Körper mit einem der folgenden Zeichenmaterialien: Bleistifte unterschiedlicher Härten, Kohle, Kreide, Fineliner, Füllhalter oder Kugelschreiber.
a) Gestalte seine Höhen und Vertiefungen durch unterschiedliches Hell-Dunkel.
b) Schaffe einen Raumeindruck, indem du auch den Hintergrund in verschiedenen Helligkeiten bzw. Grauwerten darstellst.

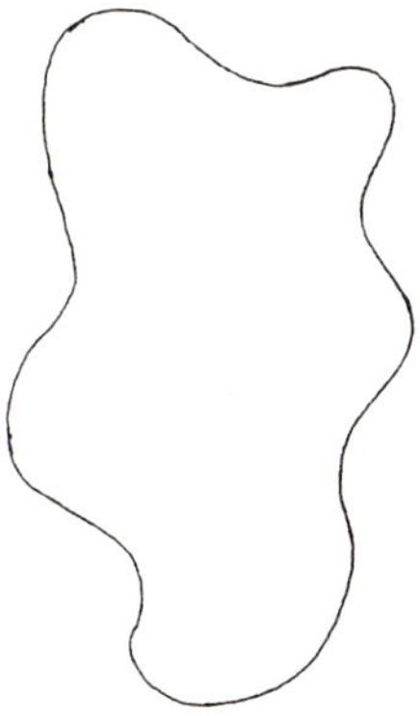

Die Farbkonstanz

Welche Farbe hat eigentlich Rosenkohl? Betrachte die beiden Fotos genau. Welche Farben siehst du? Zwischen den Fotos lagen nur wenige Sekunden – das erste wurde bei Tageslicht aufgenommen, das zweite bei eingeschaltetem Kunstlicht. In dieser Zusammenstellung sieht das Gemüse auf der unteren Abbildung ziemlich verdorben aus – und so müsste es eigentlich immer erscheinen, wenn es bei Kunstlicht gesehen wird. Doch obwohl sich Farben bei unterschiedlicher Beleuchtung verändern, nehmen wir das in der Regel nicht wahr. Denn das menschliche Gehirn verfügt über die Fähigkeit, den Gegenständen im Prozess des Sehens gleichbleibende Farben zuzuordnen und ▸Farbkonstanz herzustellen. Das bewirkt, dass wir die Farben sehen, die wir mit den jeweiligen Gegenständen verbinden.

Auguste Renoir:
Die Schaukel, 1876,
Öl auf Leinwand,
92 x 73 cm.
Paris, Musèe d'Orsay

Auf die Farbkonstanz ist ebenso zurückzuführen, dass wir die Farben der Dinge einheitlich empfinden: Eine weiße Jacke, eine rote Paprikaschote – wir nehmen die Dinge vor allem in ihren Gegenstandsfarben wahr. Unterschiedliche Farbnuancen, die durch Lichteinfall und plastische Form entstehen, sehen wir nicht als Flecken.

In besonderer Weise haben sich die Künstlerinnen und Künstler des Impressionismus mit diesem Phänomen auseinandergesetzt. Sie versuchten, die Farbkonstanz auszuschalten und die Dinge in den Farben darzustellen, in denen sie – vor verschiedenfarbigen Hintergründen und im Wechsel von Licht und Schatten – erscheinen. Um ein Motiv als rein optischen Sinneseindruck wiederzugeben, bezogen sie sich außer auf eigene Licht- und Farbwahrnehmung in der Natur auch auf Theorien der Farb- und Wahrnehmungslehre. So setzten sie zum Beispiel wissenschaftliche Erkenntnisse über den ▸Simultankontrast gestalterisch um, indem sie ganz bewusst mit Komplementärkontrasten arbeiteten. Bezogen auf die Malerei spricht man davon, dass die Dinge in ihrer Erscheinungsfarbe gezeigt werden.

Bei dem abgebildeten Gemälde des französischen Malers Auguste Renoir (1841–1919) ist die Verwendung der Erscheinungsfarbe besonders gut zu erkennen. Das Bild besteht aus unzähligen kleinen Farbflecken, es gibt kaum feste Konturen. Betrachte den Bildausschnitt, der das weiße Kleid der Frau zeigt: Wie hat der Maler die Farben eingesetzt?

1 Suche dir ein anderes Detail des Bildes aus und male es vergrößert mit seinen Farbflecken nach.

Wie die Helligkeitskonstanz ist auch die Farbkonstanz für den Wahrnehmungsprozess außerordentlich wichtig. Stellt euch vor, was passieren würde, wenn sich die Farbe eines Gesichts ständig veränderte: Wir wären nicht in der Lage, jemanden wiederzuerkennen.

Will man allerdings ein Gesicht naturgetreu malen, genügt es nicht, einfach „Hautfarbe" zu nehmen: Da der Kopf eine plastische Form hat, fällt das Licht auf die verschiedenen Gesichtspartien ganz unterschiedlich: In der Gesichtsfarbe finden sich viele verschiedene Farbnuancen.

2 Schau dir das Bild der Frau genau an und lege mit Farbstiften eine Palette an, auf der die Farbtöne von Haaren, Gesicht, Ohr, Nase, Lippen, Hals, Kleid und Hintergrund wiedergegeben sind.

3 Wähle ein farbiges Porträtfoto, um es farbig wiederzugeben. Lege dazu – wie bei der Abbildung unten links – ein Raster mit Abständen von 0,5 cm an.

a) Zeichne dann grob die Konturen des gesamten Motivs. Bei der Vorzeichnung (mittlere Abbildung) wurden die Umriss- und Binnenlinien schon mit farbigem Stift gezeichnet.

b) Zum Ausarbeiten kannst du Buntstifte oder Deckfarben benutzen. Am besten probierst du den jeweils ausgemischten Farbton auf einem Extrablatt aus und vergleichst dann diesen Farbton mit der entsprechenden Stelle in deinem Original.

Die Formkonstanz

Welche Form hat der hier abgebildete Tisch? Vermutlich gibt es niemanden, der nicht spontan sagen würde: „Rechteckig!" Dabei zeigen ihn die Fotos als unregelmäßiges Gebilde. Dass wir dennoch die Form als rechteckig empfinden, ist eine Leistung des Gehirns: Es verfügt über die Fähigkeit, ▸ Formkonstanz herzustellen. Durch sie sind wir in der Lage, viele mögliche Ansichten eines Gegenstandes auf die Form zurückzuführen, die wir mit diesem Gegenstand in Verbindung bringen und als „richtig" empfinden. Wir erkennen ihn in einer Art Idealgestalt: Die rechteckige Platte eines Esstischs wird also – ohne dass uns dies als Leistung des Gehirns bewusst wird – als rechteckig gedeutet, obwohl wir sie vermutlich noch nie als Rechteck wahrgenommen haben.

Die Fähigkeit zur Formkonstanz muss sich schon früh bei den Lebewesen herausgebildet haben, denn sie ist lebenswichtig: Ohne Formkonstanz würden wir alles als sich ständig verändernd empfinden, da uns schon der kleinste Schritt zur Seite völlig neue Ansichten unserer Umgebung liefert. Stell dir nur einmal vor, wie sich die Form einer Scheibe Brot verändert, wenn du sie zum Mund führst. Könntest du sie nicht formkonstant erkennen, wärst du vermutlich schon verhungert.

Für die Kunst spielt die Formkonstanz eine wichtige Rolle. Bei der **Bildbetrachtung** ermöglicht sie es uns zunächst, eine flächige Darstellung als verzerrte Ansicht eines Gegenstands zu deuten. Außerdem lässt sie eine Darstellung wirklichkeitsgetreu, stark abstrahiert oder sogar „falsch" erscheinen. Als wirklichkeitsgetreu empfinden wir die Abbildung eines Gegenstandes, wenn sie mit dem Bild, das er auf der Netzhaut entstehen lässt, weitgehend übereinstimmt.

Für die **Bildgestaltung** gilt daher: Wer eine wirklichkeitsgetreue Abbildung schaffen will, muss das Bild wiedergeben, das auf der Netzhaut im Auge erscheint, bevor es im Sehzentrum des Gehirns verarbeitet wird. Daher liegt es häufig an der Formkonstanz, dass es uns schwerfällt, die Form eines Gegenstands wirklichkeitsgetreu zu zeichnen. Die Schwierigkeit besteht nämlich darin, die Formkonstanz auszuschalten und sich ganz bewusst auf das Sichtbare zu konzentrieren.
Zu beachten ist aber, dass nicht jede Ansicht formkonstantes Sehen ermöglicht. Im Gegenteil: Durch die Wahl eines Blickwinkels, der in der Realität nicht vorkommt, oder durch einen ungewöhnlichen Bildausschnitt lassen manchmal Bilder gewöhnliche Alltagsdinge verrätselt erscheinen.

1 a) Beschreibe die unterschiedlichen Ansichten des Tisches.
b) Betrachte die Tische in dem Raum, in dem du dich befindest. Wie unterscheidet sich die Ansicht deines Tisches von der der Nachbartische.

2 Erläutere, welche der vier fotografierten Ansichten des Tisches formkonstantes Sehen leicht ermöglichen.

3 Fotografiert in Gruppen Alltagsgegenstände. Versucht dabei, von den Dingen möglichst einfach zu deutende und möglichst verwirrende Ansichten zu fotografieren.

4 Partnerarbeit: Erstellt Porträtfotos voneinander aus unterschiedlichen Blickwinkeln. Untersucht anschließend den Informationsgehalt der gewählten Ansichten.

In der Kunst hat es in verschiedenen Epochen und Kulturen keinerlei Bestrebungen gegeben, die Dinge wirklichkeitsgetreu wiederzugeben; stattdessen wurden sie häufig in Ansichten gezeigt, die eher der durch die Formkonstanz vermittelten Idealgestalt entsprechen.
Einerseits könnte dies mit dem fehlenden Wissen um geeignete Mittel der perspektivischen Darstellung zusammenhängen, das benötigt wird, um das Wahrgenommene abzubilden. Andererseits strebten die Künstler aber vermutlich auch danach, das Ideale zu zeigen, weil sie es als Abbild einer göttlichen Ordnung auffassten.

Königin Nefertari unter einem Baldachin, 19. Dynastie (um 1500 v. Chr.), bemaltes Relief. Theben, Grab der Nefertari/ Tal der Königinnengräber

5 Betrachtet gemeinsam die Abbildung des bemalten altägyptischen Reliefs. Erörtert, ob sie als Idealdarstellung einer sitzenden Frau bezeichnet werden kann. Nehmt dabei vor allem Bezug auf Kopfform, Auge, Schultern und Arme.

In der modernen Kunst gibt es dagegen eine Reihe von Künstlerinnen und Künstlern der Op-Art (Seite 15), die bewusst die Formkonstanz zu ihrem Thema machen. Die Abbildung des Gemäldes von Victor Vasarely etwa zeigt Wölbungen auf quadratischem Format. Schauen wir uns die Bildbereiche links oben und rechts unten etwas genauer an, dann erkennen wir, dass die wie Halbkugeln hervortretenden Formen aus kleinen Vierecksformen zusammengesetzt sind: In den als Grund erkennbaren Bildbereichen sind sie quadratisch. Die plastischen Formen entstehen durch zunehmende Verzerrung und Vergrößerung der Quadrate: Indem wir als Betrachter die Rechteckformen als „verzerrte Quadrate" interpretieren, erkennen wir die Gesamtheit der „verzerrten Quadrate" als Wölbung.

Victor Vasarely: Boo, 1978, Acryl auf Leinwand, 200 x 200 cm. Monaco, Privatsammlung

6 a) Beschreibt, wie Vasarely die Felder rechts oben und links unten gestaltet hat. Wie gelingt es ihm, den Effekt der Wölbung zu unterstützen?
b) Zeichne ähnliche Formverzerrungen. Wähle eine einfache geometrische Form als Ausgangspunkt.

Die Größenkonstanz

Beide Abbildungen auf diesen Seiten zeigen Körper, die vom Fußende her dargestellt wurden. Welche erscheint dir „richtig"?

Tatsächlich entspräche das Foto des Mädchens in etwa unserem Netzhautbild, wenn wir uns – wie die Kamera – unmittelbar vor seinen Füßen befinden würden. Denn das Bild einer Fotokamera ist dem des Auges vergleichbar: Ähnlich wie das Licht beim Sehen durch die Iris den Weg ins Auge findet, in der Linse gebrochen wird und sich auf der Netzhaut als Bild abzeichnet, gelangt es über die Blende und durch die Linse der Kamera auf den Film. Um das Foto zu machen, muss der Fotograf recht nah an die Füße herangegangen sein: Die Füße, deren tatsächliche Länge in etwa der des Kopfes entsprechen, erscheinen auf dem Foto etwa viermal größer als der Kopf. Die Schemazeichnung unten gibt wieder, wie sich die Entfernung des Auges von einem Gegenstand auf die Größe des Bildes auswirkt, das auf der Netzhaut entsteht.

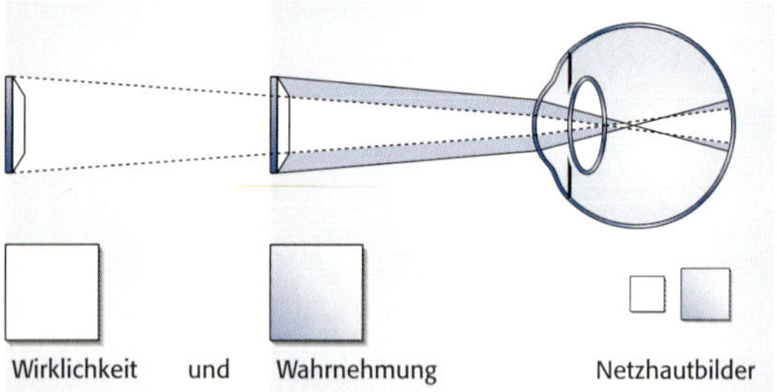

1 Schaut euch die Schemazeichnung an und überlegt gemeinsam, wo sich nach dieser Zeichnung Kopf und Fuß der badenden Frau auf dem Foto sowie die Linse des Fotoapparats befinden müssten.

Dass wir das Foto dennoch als unstimmig empfinden, beruht auf einer Größentäuschung: Unser Gehirn setzt – ohne dass es uns bewusst wird – die wahrgenommenen Dinge in Beziehung zu der Größe, in der sie uns bekannt sind. Obwohl also die Bilder, die sie – je nach Entfernung – auf unserer Netzhaut erzeugen, ganz unterschiedlich groß sind, erkennen wir sie in konstanter Größe. Dieses Phänomen wird als ▸ Größenkonstanz bezeichnet: Da wir wissen, dass ein Kopf nicht kleiner ist als ein Fuß, erscheint er uns – auch aus entsprechendem Blickwinkel – nicht so.

Versuche zur Größenkonstanz

1. Strecke den linken Arm mit erhobener Hand nach vorn, sodass du den Handrücken siehst. Der rechte Arm wird nun so weit ausgestreckt, dass der Handrücken sich neben der Armbeuge des linken Arms befindet. Die Hände dürfen sich aber nicht überdecken. Schaust du nun mit beiden Augen darauf, dann scheint die rechte Hand ein ganz klein wenig größer zu sein als die linke. Schließt du jetzt ein Auge und schiebst die Hände so übereinander, dass sie sich teilweise überdecken, dann siehst du, dass aus diesem Blickwinkel die rechte Hand jedoch genau doppelt so groß ist wie die linke. Durch das Schließen des Auges, durch die teilweise Überdeckung und durch die Konzentration auf das Sichtbare gelingt es dir, das Netzhautbild nachzuvollziehen.

2. Schau auf deine Mitschülerinnen und Mitschüler in deinem Klassenraum – sie sehen vermutlich alle etwa gleich groß aus. Dann schließe ein Auge und betrachte die Köpfe der nah und entfernt Sitzenden zwischen Daumen und Zeigefinger. Was stellst du fest?

3. Stell dich vor einen Spiegel und schätze die Größe deines Kopfes im Spiegel. Vermutlich meinst du, ihn etwa in seiner normalen Größe zu sehen. Wenn du nun ein Auge schließt und das Gesicht im Spiegel betrachtest, wirkt es plötzlich viel kleiner. Du kannst es bequem mit Daumen und Zeigefinger umfassen. Öffnest du dann wieder beide Augen, erscheint es wie vorher. Einen noch verblüffenderen Effekt erhältst du, wenn du das Gesicht mit dem Finger auf einem beschlagenen Spiegel nachzeichnest …

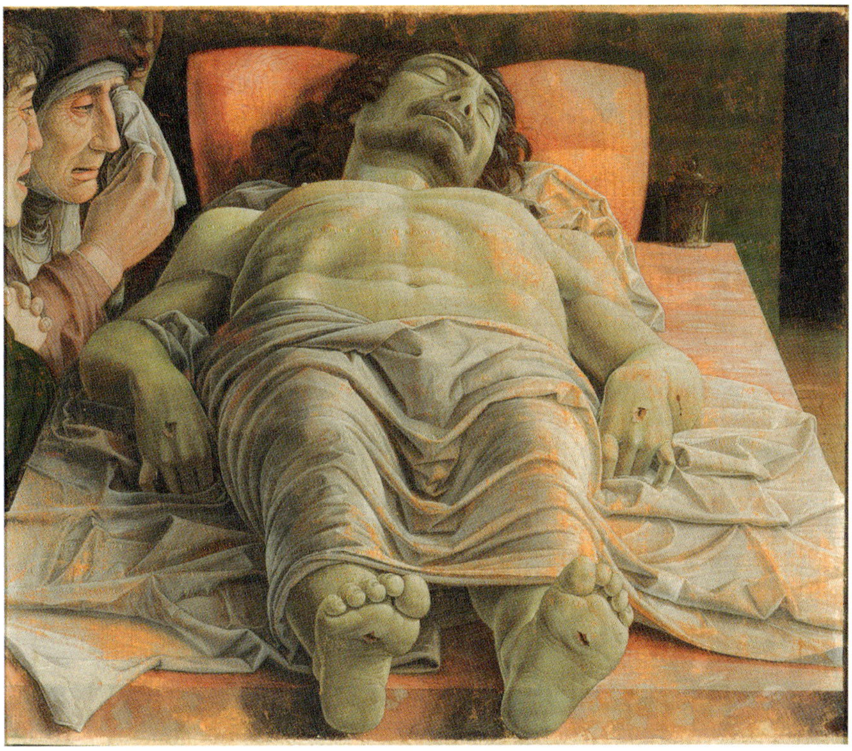

Andrea Mantegna: Die Beweinung Christi, um 1482, Öl auf Leinwand, 66 x 81 cm. Mailand, Gemäldegalerie Brera

Müssen wir davon ausgehen, dass dem Maler der abgebildeten Beweinungsszene das Problem der Größenkonstanz nicht bewusst war? Immerhin gehörte Andrea Mantegna (1431–1506) als Vertreter der **Renaissance** zu den ersten Künstlern, die sich mit Anatomie und Proportion befassten, sodass ihm die Ansichten des menschlichen Körpers bekannt gewesen sein dürften.

In seinem Gemälde „Die Beweinung Christi" zeigt Mantegna den toten Christus so, als stünde der Betrachter am Fußende der Bahre und blicke von den durchbohrten Fußsohlen über den fahlen Körper: Den gekreuzigten Christus gibt er als menschliche Leiche, nicht als göttliche Idealgestalt, wieder. Ihn mit riesigen Füßen und kleinem Kopf zu malen, war für Mantegna aber vermutlich aus religiösen Gründen völlig undenkbar. Sicher hat er deswegen den höheren Blickpunkt gewählt und konnte daher den Kopf – obwohl er eine viel größere Entfernung zum Betrachter hat als die Füße – in angemessener Größe darstellen.

Zwar erkennen wir, dass Mantegna bei der „Beweinung Christi" die Füße des liegenden Körpers deutlich verkleinert dargestellt hat und dieser, würde man ihn aufgestellt zeigen, sich nach unten hin verjüngen müsste. Doch empfinden wir die Darstellung nicht als abwegig. Daher drängt sich an dieser Stelle die Frage auf, was eigentlich eine „richtige Darstellung" ist: die objektiv zwar richtige, aber falsch erscheinende oder die objektiv falsche, aber richtig erscheinende?

2 Erstelle eine Fotografie eines liegenden Menschen, bei der die Größenkonstanz ausgeschaltet ist, indem du sehr nah an den Körper herangehst. Versuche, bei einer weiteren Aufnahme den Körper „richtig" aussehen zu lassen. Was musst du dafür tun?

Renaissance

In der Renaissance – im wörtlichen Sinn bedeutet der Begriff „Wiedergeburt" – setzte eine neue Beschäftigung mit der Kultur der griechisch-römischen Antike ein. Den Anlass dafür gaben zunehmende Kontakte europäischer Gelehrter mit Wissenschaftlern in der islamischen Welt. Dort befasste man sich bereits über Jahrhunderte mit Forschungsgebieten wie Philosophie, Mathematik, Astronomie und Medizin, die ihren Ursprung in der Antike hatten.
Mit zunehmendem wissenschaftlichen Forschen vollzog sich seit dem 15. Jahrhundert schließlich in Europa ein Wandel des Weltbildes, das sich auch auf das Selbstverständnis des Menschen auswirkte: Die Sicht des Menschen auf die ihn umgebende Welt gewann an Bedeutung; man begann, ihn als schöpferisches Wesen, als Individuum, zu verstehen.
In der Kunst wurde entsprechend versucht, Motive aus dem Blickwinkel des Menschen wiederzugeben; auch begannen Künstler, mit Modellen zu arbeiten und Körper wirklichkeitsgetreu darzustellen.

Die Wirkung der Größenkonstanz wird auch bei ▸ optischen Täuschungen deutlich, etwa bei Längentäuschungen. Hier ist die sogenannte „Müller-Lyer'-sche-Täuschung" abgebildet. Beschreibe, was du feststellst.

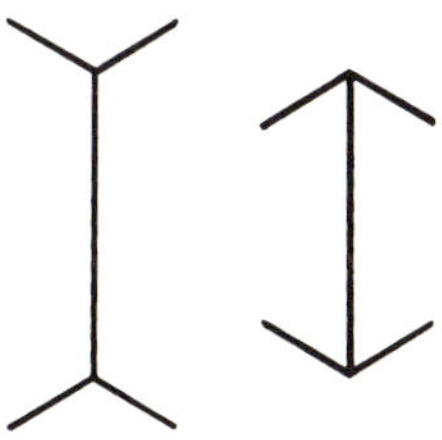

Weitere Täuschungen findest du unter: www.michaelbach.de/ot/

Die Zentralperspektive

Duccio di Buoninsegna: Das letzte Abendmahl, Alttafel, um 1308–1311, Tempera mit Goldgrund auf Holz, 50 x 53,5 cm. Siena, Museo dell' Opera Metropolitana

Der italienische Künstler Duccio (um 1255–1319) schuf im Jahr 1308 eine Abendmahlsdarstellung für eine Altartafel. Er hatte die Aufgabe, Jesus und die zwölf Jünger um einen Tisch versammelt zu zeigen. Für dieses Problem fand er eine Lösung, bei der die Personen so angeordnet sind, dass die vorn sitzenden die hinteren nicht überdecken. Doch in ihrer räumlichen Wiedergabe erscheint die Szene nicht wirklichkeitsgetreu: Die Tischplatte wirkt merkwürdig nach vorn gekippt; anscheinend war bei dieser Darstellung die ▸Formkonstanz wirksam. Auch wenn wir die Anlage des Raumes – vor allem der Decke – in Beziehung setzen zur Wiedergabe des Tisches, wird eine Unstimmigkeit deutlich.
Vergleichen wir das Werk mit dem abgebildeten Wandgemälde Leonardo da Vincis (1452–1519) zum gleichen Thema, so wird deutlich, dass sich in den knapp zweihundert Jahren, die zwischen beiden Bildern liegen, die gestalterischen Möglichkeiten der Raumdarstellung erheblich geändert haben.

1 Betrachtet die Abbildung des Gemäldes Duccios.
a) Findet anhand der sichtbaren Details des Tisches heraus, welche ▸Raum schaffenden Mittel der Künstler eingesetzt hat.
b) Beschreibt Wiedergabe und Wirkung des Innenraums auf dem Gemälde.

2 Vergleicht die Bilder hinsichtlich folgender Fragen: Bei welchem Bild ist besser zu erkennen, was sich auf dem Tisch befindet? Welches Bild ist wirklichkeitsgetreuer gestaltet? Was wäre zu sehen, wenn Leonardo einige der Jünger so vor dem Tisch platziert hätte, wie es Duccio getan hat?

Leonardo da Vinci, Das letzte Abendmahl, um 1495–1497, Wandgemälde, 460 x 880 cm. Mailand, Santa Maria delle Grazie

3 a) Lege Transparentpapier auf das abgebildete Gemälde von Leonardo und trage die Horizontlinie und den Fluchtpunkt ein.
b) Setze die Position des Fluchtpunkts in Beziehung zum Inhalt der Darstellung.

Leonardo gilt nicht nur als einer der wichtigsten Künstler, sondern auch als Universalgelehrter der italienischen Renaissance (Seite 25), einer Epoche, in der sich ein neues Weltverständnis verbreitete: Die Sicht des Menschen auf die ihn umgebenden Dinge wurde immer bedeutender. Als ein Ausdruck dessen ist auch die Bestrebung in der Kunst zu begreifen, die Welt aus menschlichem Blickwinkel möglichst genau wiederzugeben. Künstler forschten nach Möglichkeiten, ihre Motive aus einer Perspektive zu zeigen, die dem Betrachter natürlich erscheint und ihn daher in das dargestellte Geschehen einbezieht.

Die von Leonardo angewendete Raumdarstellung beruht auf einer konstruierten Perspektive, der ▸Zentralperspektive. Die für eine Raumkonstruktion wichtigen Kanten werden als Linien gedacht, die – von einem festen Standort aus wahrgenommen – fluchten, das heißt: Sie scheinen sich in einem Punkt, dem ▸Fluchtpunkt, zu treffen. Die Lage des Fluchtpunktes ist abhängig von der Augenhöhe, dem Horizont, des Betrachters. Du kannst das überprüfen, wenn du von der Rückwand eines langen Flures aus versuchst, die Fluchtlinien der Wände zu ermitteln.

Im Folgenden wird gezeigt, wie eine rechteckige Fläche mit Schachbrettmuster – du kannst sie dir als Fußboden mit quadratischen Fliesen vorstellen – mithilfe der Zentralperspektive auf eine Bildebene übertragen werden kann. Die Fläche soll sechs Felder breit und acht Felder lang sein.

4 Zeichne zunächst die Fläche im Grundriss auf ein Blatt. Benutze dabei Bleistift und Geodreieck. Vollziehe anschließend die folgenden Schritte in einer eigenen Zeichnung nach:

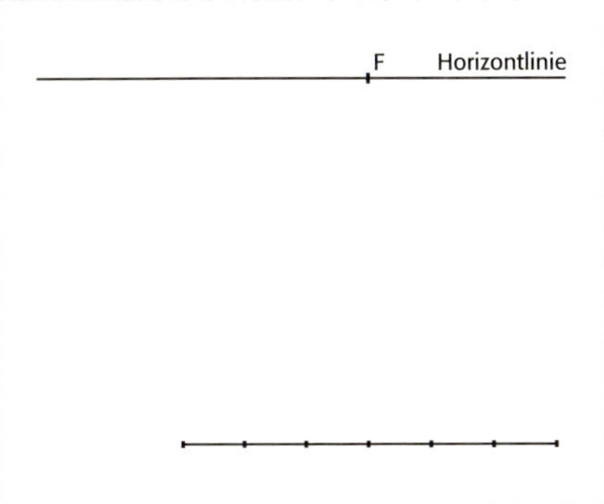

Abbildung 1 zeigt unten die als Strecke eingezeichnete Vorderkante der Fläche. Die Einteilung der Strecke in sechs gleichmäßige Abschnitte legt die Abstände der Felder oder Kacheln fest.
Oben ist die ▸ Horizontlinie eingezeichnet. Auf dieser Linie liegt der Fluchtpunkt F. In dieser Zeichnung befindet er sich genau über der Mitte der Strecke unten.

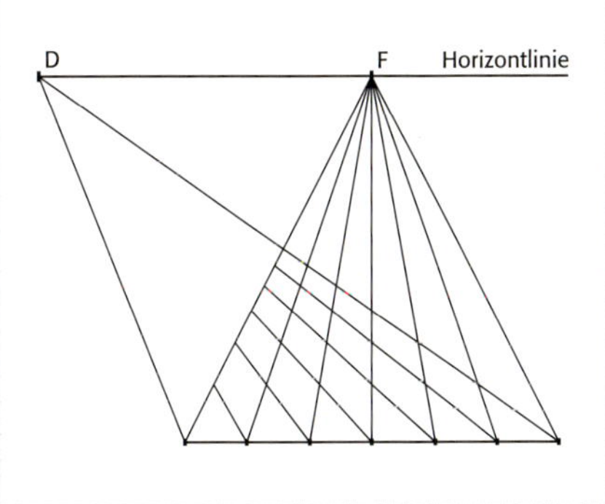

Abbildung 2 zeigt die Fluchtlinien, die von den Markierungen auf der Strecke zum Fluchtpunkt führen.
Die waagerecht zur Bildebene verlaufenden Linien erhältst du mithilfe eines weiteren Punktes, der auf der Horizontlinie eingezeichnet wird: des ▸ Distanzpunktes. Er ist der Fluchtpunkt der diagonal über die Fläche verlaufenden Linien. Beim freien Zeichnen musst du ihn abschätzen. Auch mit ihm verbindest du die Markierungen auf der Strecke.

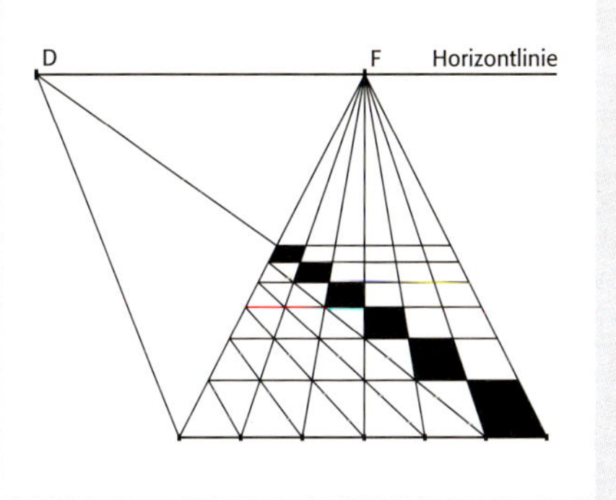

Die auf den Distanzpunkt zulaufenden Linien bilden Schnittpunkte mit den in die Tiefe führenden Linien. Wenn du durch diese Schnittpunkte parallel zur Vorderkante der Fläche Linien ziehst, erhältst du die Tiefe der einzelnen Fliesenreihen.
Mithilfe dieses Rasters gelingt es dir, weitere Fliesenreihen in der Tiefe des Raumes zu konstruieren: Verbindest du den Endpunkt der letzten Fliesenreihe mit dem Distanzpunkt, erhältst du weitere Schnittpunkte.

Hier wurde ein Raum um die Bodenkonstruktion gezeichnet: Auch Linien, die die Begrenzung der Decke darstellen, führen auf den Fluchtpunkt zu.

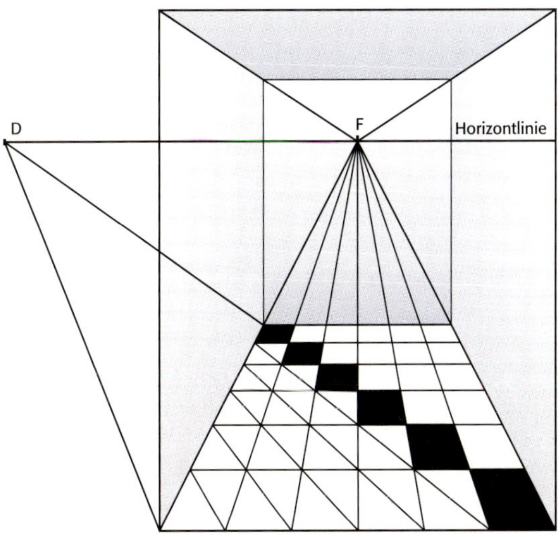

5 Setze das Fliesenmuster um zwei weitere Fliesenreihen fort, sodass die Fläche aus sechs Feldern in der Breite und acht Feldern in der Tiefe besteht.

6 Zeichne eine eigene zentralperspektivische Raumkonstruktion. Erprobe verschiedene Möglichkeiten, indem du die Höhe der Horizontlinie und die Lage des Flucht- bzw. Distanzpunktes veränderst.

7 a) Zeichne eine zentralperspektivische Raumkonstruktion im Format DIN A3 und versuche auf der Grundfläche von sechs (2 x 3 oder 3 x 2) bis neun zusammenhängenden Fliesen, einen Quader in deinen Raum einzuzeichnen. Beziehe dabei auch den Fluchtpunkt ein.
b) Verwandle den Raum in einen Ausstellungsraum mit Bildern an den Wänden und einer Plastik auf dem Quader. Zeichne zunächst an jeder Wand zwei „Bilder" ein und gestalte die Bildflächen dann zeichnerisch. Als „Plastik" eignet sich vielleicht ein Ausschnitt aus einem Zeitschriftenfoto.

Freies Zeichnen

Wenn wir ein Motiv zeichnerisch auf eine Bildfläche übertragen wollen, wenden wir im Regelfall keine perspektivische Konstruktion an, sondern zeichnen mit der freien Hand. Zu wissen, dass Konturlinien fluchten und dass sich eine Veränderung der Augenhöhe auf das Sichtfeld auswirkt, ist allerdings auch beim freien Zeichnen nützlich. Denn dieses Wissen hilft, die Formkonstanz auszuschalten und sich auf das Wahrnehmbare zu konzentrieren.
Dazu kann aber auch ein einfaches Hilfsmittel beitragen: der Bleistift. Indem du ihn zum Peilen benutzt, lassen sich die Proportionen – etwa eines Rechtecks (das kann eine Tafel, ein Schrank, ein Fenster, eine Tür oder die Fassade eines Hauses sein) – richtig erfassen und anschließend auf ein Blatt übertragen. So gehst du dabei vor:

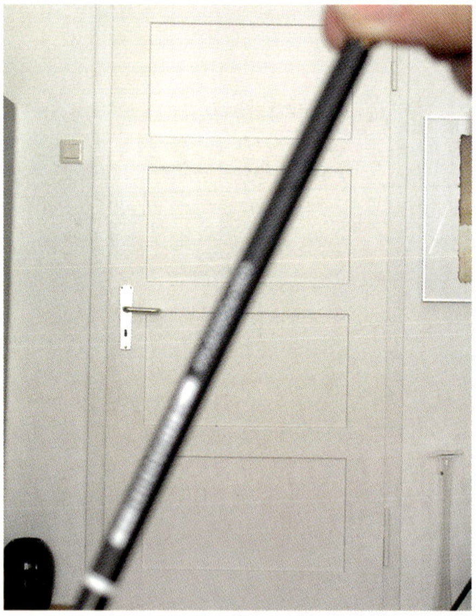

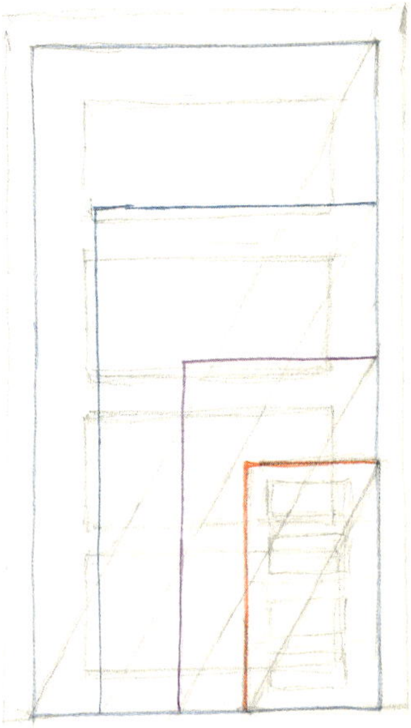

Als Rechtshänder/in zeichnest du zuerst auf die rechte Seite des Blattes eine Senkrechte und unten eine Waagerechte. Dann hältst du den Bleistift so vor dein Motiv, dass er eine Diagonale von der linken unteren Ecke zur rechten oberen Ecke der zu zeichnenden Rechteckfläche bildet. (Falls du Linkshänder/in bist, musst du genau umgekehrt vorgehen.) Wichtig beim Peilen ist, dass du ein Auge schließt. Dann überträgst du – wie du auf dem mittleren Foto sehen kannst – diese Diagonale auf deine Zeichenfläche: Du hältst das Blatt mit der anderen Hand hinter den Stift – der Stift muss parallel zur Zeichenfläche geführt werden! – und zeichnest die Schräge, die er bildet, mit zartem Strich auf das Papier.

Der Vorteil der Methode besteht darin, dass du die Zeichnung beliebig groß anlegen kannst. Die Diagonale gibt ja immer nur das Verhältnis an, in dem Senkrechte und Waagerechte zueinander stehen, sodass du Höhe und Breite all deiner Motive recht gut abschätzen und wiedergeben kannst. Das ist an der dritten Zeichnung erkennbar: Alle vier Rechtecke sind über die Diagonale gezeichnet; sie unterscheiden sich nur in der Größe, nicht in den Proportionen voneinander.
Wichtig ist, dass du aus der freien Hand zeichnest – auch wenn die Linien nicht so gerade werden, wie es beim Zeichnen mit dem Lineal der Fall wäre. Ein frei gezeichneter Strich sieht immer lebendiger aus als ein mit dem Lineal gezogener.

1 Übe das Peilen an einem frontal gesehenen, einfachen Gegenstand. Zeichne zunächst eine Tür, einen Schrank oder ein Fenster.

Schwieriger wird es, wenn du eine Raumsituation wirklichkeitsgetreu wiedergeben willst. Hier hilft das Peilen ebenso, aber auch hier musst du darauf achten, dass du den Stift immer parallel zur Zeichenfläche hältst. Am besten beginnst du damit, eine Raumecke zu zeichnen, denn dabei ist recht einfach zu erkennen, wie die Kanten der verschiedenen Raumelemente jeweils verlaufen. Du beginnst wieder mit einer senkrechten Linie – bei der abgebildeten Raumecke ist das beispielsweise die Senkrechte, die genau in der Ecke von der Decke nach unten verläuft.

Nimm dann einen Stift in die Hand, schließe ein Auge und peile die Ecke an. In einer Ecke muss es am Fußboden und an der Decke Schrägen geben. Halte den Stift so, dass seine Richtung – parallel zur Bildfläche – jeweils der Neigung der zu zeichnenden Linien folgt. Auch Straßenfluchten lassen sich auf diese Weise übertragen – nur ist das erheblich schwieriger, weil viel mehr Objekte zu sehen und zu zeichnen sind.

2 Suche dir das Foto eines Raumes, zum Beispiel deines Zimmers, und übertrage es zeichnerisch auf das Format DIN A4.

3 Erstelle eine Reihe von Skizzen unterschiedlicher Straßenräume. Zeichne bei einer Skizze die Fluchtlinien so weiter, dass sich ein Fluchtpunkt ergibt.

4 Suche in Kunstbänden oder im Internet nach Bildern, in denen solche Straßensituationen frei gezeichnet oder gemalt sind. Ermittle den Horizont, den Fluchtpunkt und den Standort des Betrachters. Stelle dein Bild in der Klasse vor.

Neben dem Peilen gibt es ein weiteres, sehr effektives Hilfsmittel, mit dem sich wahrnehmbare Richtungen und Proportionen eines Motivs feststellen lassen: den Motivsucher. Dazu brauchst du ein Stück Karton, zum Beispiel eine Postkarte. Aus dieser schneidest du ein rechteckiges Feld heraus, das in seinen Proportionen deinem Bildformat entspricht. Nun betrachtest du das zu zeichnende Motiv durch dieses Sichtfenster. Es wird dir helfen, die sichtbaren Richtungen und Proportionen deines Motivs in Beziehung zum Bildformat zu setzen. Noch besser lassen sie sich erkennen, wenn du eine durchsichtige Folie mit einem eingezeichneten Quadratraster in dein Sichtfenster klebst und das Motiv durch das Raster betrachtest: Du bemerkst nun genauer, wie sich aufsteigende oder fallende Kanten zu den Senkrechten und Waagerechten verhalten. Falls du Schwierigkeiten hast, die Richtungen auf dein Blatt zu übertragen, so kannst du es ebenso mit einem entsprechenden Raster versehen. Wichtig ist, dass du darauf die gleiche Anzahl von Rasterfeldern wie bei deinem Motivsucher einzeichnest.

5 Bau dir einen solchen Sucher und benutze ihn als Hilfsmittel für eine Zeichnung. Stell dir dazu auf deinem Tisch ein kleines, einfaches Stillleben auf, zum Beispiel mit deinen Arbeitsmaterialien. Beim Zeichnen musst du darauf achten, dass du den Sucher so hältst, dass er immer wieder denselben Ausschnitt bietet. Dazu suchst du dir am besten eine charakteristische Stelle aus, die immer im selben Quadrat zu sehen sein muss.

6 Versuche das Gleiche mit einer Röhre. Zeichne dazu zunächst einen Kreis als Format auf dein Blatt und fülle ihn dann nach dem Blick durch die Röhre. Am besten geht das, wenn die Röhre fixiert wird, zum Beispiel auf einem Stativ, einem Stuhl oder Ähnlichem.

Die Anamorphose, ein „Spiel" mit Perspektive

Sicher hast du schon als kleines Kind festgestellt, dass dein Gesicht verzerrt erscheint, wenn es sich auf einer gewölbten Oberfläche spiegelt. Die im Alltag zu beobachtende Verzerrung gibt es als Sonderform der perspektivischen Darstellung auch in der Kunst. Sie wird als Anamorphose bezeichnet. Eine Anamorphose lässt das Motiv nur unter einem bestimmten Blickwinkel oder mithilfe eines Spiegels erkennbar werden.
In früheren Jahrhunderten setzten Künstler Anamorphosen beispielsweise ein, um Botschaften zu verschlüsseln oder – in Kombination mit unverzerrt Dargestelltem – einen Verfremdungseffekt zu erzielen. Bei Deckengemälden hatten die Verzerrungen die Funktion, Wölbungen optisch auszugleichen oder Figuren so zu zeigen, dass sie von unten betrachtet wirklichkeitsgetreu erscheinen. Heute arbeiten vor allem viele Straßenkünstler mit Anamorphosen.

Bei den meisten Anamorphosen ist das Bild in der Länge verzerrt. Solche Darstellungen lassen sich aufwändig konstruieren, indem bei der perspektivischen Umsetzung etwa der Fluchtpunkt weit außerhalb des Bildes platziert wird. Mit technischen Hilfsmitteln wie Projektoren ist die Längenverzerrung mittlerweile aber auch recht einfach herzustellen. Schau dir dazu die Abbildungen an:

Oben: Der Straßenmaler Edgar Müller bei der Arbeit.
Unten: Sein fertiges Werk, aus idealem Blickwinkel fotografiert.

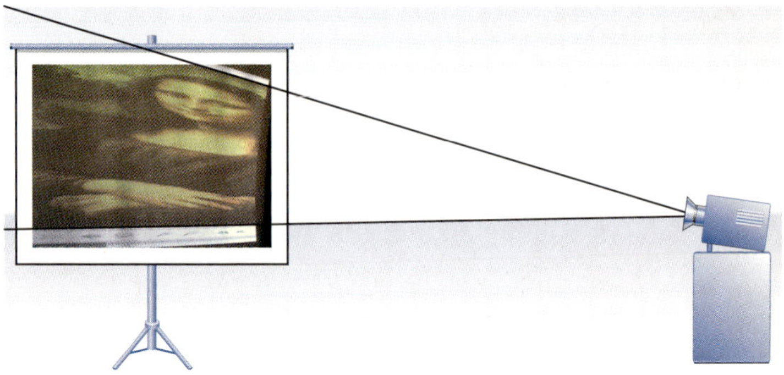

Ein Dia der „Mona Lisa" wurde so auf eine schräg gestellte Leinwand projiziert, dass das Porträt von vorn gesehen (links) verzerrt erscheint. Die Verzerrung ist bei der Abbildung daneben aufgehoben; die Aufnahme wurde vom Projektor aus gemacht. Rechts ist der Aufbau von Projektor und Projektionsfläche gezeigt.

1 a) Fotografiere einen möglichst einfach geformten Gegenstand, den du als Anamorphose zeichnen möchtest, oder wähle ein geeignetes Foto aus.
b) Projiziere das Foto, zum Beispiel mit einem Beamer, wie oben beschrieben auf eine Wand, an der ein großer Bogen Zeichenpapier befestigt ist. Übertrage es mit Bleistift oder Kreide zeichnerisch auf das Papier.
c) Stellt eure Ergebnisse in der Klasse vor. Welche Motive eigneten sich besonders gut und bei welchen traten Schwierigkeiten auf?

2 Bildet Gruppen und entwickelt ein Bild für den Schulhof: Lasst dort etwas herumliegen – vielleicht ein Tier oder einen Laptop? Oder wollt ihr einen Krater mitten auf der gepflasterten Oberfläche entstehen lassen?
a) Sammelt Ideen und fertigt Skizzen dazu an. Achtet darauf, dass Form und Perspektive nicht zu kompliziert werden. Wählt eine der Skizzen aus.
b) Erstellt mithilfe eines Fotos eine Vorzeichnung. Wie müsst ihr die Vorlage projizieren, um sie auf dem Boden erkennbar werden zu lassen?
c) Setzt euren Entwurf mit farbigen Kreiden um.

Kleines Lexikon des Wahrnehmens und Abbildens

Anamorphose bewusst verzerrte Wiedergabe eines Motivs

Distanzpunkt bei einer ▸ zentralperspektivischen Konstruktion der Punkt, mit dem die Entfernung eines Betrachters von dem dargestellten Objekt auf der ▸ Horizontlinie markiert wird. Im Distanzpunkt treffen die Fluchtlinien der Diagonalen zusammen.

Farbkonstanz die Fähigkeit des Gehirns, unterschiedliche Farbwerte so auszugleichen, dass sie gleichwertig erscheinen

Farbperspektive in der Landschaftsmalerei angewendetes ▸ Raum schaffendes Mittel, das atmosphärische Erscheinungen nachzuahmen versucht. Merkmale: Farben werden zum Horizont hin heller und Kontraste vermindern sich, die Farben „verblauen" zunehmend.

Figur und Grund Unterscheidung zwischen Bildelementen, die als Figur oder Form bzw. Grund oder Hintergrund wahrgenommen werden

Fluchtpunkt der Punkt, in dem die in die Tiefe führenden Linien sich schneiden. Wenn eine perspektivische Darstellung einen Fluchtpunkt aufweist, ist mit seiner Hilfe der ideale Standpunkt des Betrachters zu ermitteln.

Fluchtpunktperspektive Oberbegriff für alle perspektivischen Darstellungen. Im Unterschied etwa zur Parallelprojektion laufen bei der Fluchtpunktperspektive alle in die Tiefe führenden Linien in einem oder mehreren Fluchtpunkten zusammen.

Formkonstanz Fähigkeit des Gehirns, die bei der Betrachtung eines Gegenstandes aus sich verändernden Blickwinkeln zum Tragen kommt: Unterschiedlich erscheinende Gestalten ein und desselben Gegenstands werden ignoriert und auf die einfachste Form – eine Art „Idealgestalt" – zurückgeführt.

Größenkonstanz die Fähigkeit des Gehirns, wahrgenommene Größenunterschiede von Dingen mit ihrer Entfernung vom Betrachterstandpunkt zu „verrechnen" und auszugleichen

Helligkeitskonstanz die Fähigkeit des Gehirns, bei der Betrachtung eines Objekts durch Lichteinfall bedingte Helligkeitsunterschiede zu ignorieren und das Objekt als einheitlich hell zu erkennen

Horizontlinie bei der perspektivischen Konstruktion die Höhe, auf der sich das Auge des Betrachters befindet

Kippfigur bildliche Darstellung, bei der einzelne Elemente nicht eindeutig als Figur bzw. Grund erkannt werden können. Je nachdem, worauf die Aufmerksamkeit des Betrachters gerichtet ist, erscheint ein Element entweder als Figur oder als Grund.

Komplementärkontrast Kontrast zweier Komplementär- oder „Gegenfarben". Als Komplementärfarbe einer Farbe gilt die Farbe, die beim ▸ Sukzessivkontrast im Auge des Betrachters erscheint. So ist zum Beispiel Orangerot die Komplementärfarbe zu Cyanblau. Der Komplementärkontrast bewirkt eine gegenseitige Steigerung der Leuchtkraft von Farben.

Ökonomie der Wahrnehmung Umschreibung dafür, dass im Prozess des Sehvorgangs die einfachste Lösung bevorzugt wird. Beim Zeichnen wird diese Tendenz etwa dadurch unterstützt, dass von einem Gegenstand eine leicht zu deutende Ansicht gewählt wird.

Optische Täuschungen durch Unregelmäßigkeiten des Zusammenspiels von Gehirn und Auge hervorgerufene Wahrnehmungstäuschungen. Die Wahrnehmungsforschung verdeutlicht Täuschungsphänomene anhand einfacher, meist auf geometrischen Grundformen beruhender Figuren.

Parallelprojektion auch Parallelperspektive oder Schrägbildperspektive genannt. Räumliche Darstellungsweise, bei der die Linien, die in den Raum zu führen scheinen, parallel verlaufend dargestellt werden (Gegensatz: ▸ Fluchtpunktperspektive).

Perspektive im allgemeinen Sprachgebrauch übergeordneter Begriff für die Darstellung von Raum auf der Fläche.

Raumpläne Vor allem in der Landschaftsmalerei verwendetes Gestaltungsmittel, um Räumlichkeit darzustellen. Dabei werden einzelne Landschaftselemente übereinandergesetzt und wirken wie Kulissen in einem Theater.

Raum schaffende Faktoren Gestaltungsmittel, mit denen auf einer Fläche räumliche Wirkungen erzielt werden können

Simultankontrast Veränderung des Aussehens einer Farbe allein dadurch, dass sie von unterschiedlichen Farben umgeben ist

Sukzessivkontrast Nachbild, das sich auf der Netzhaut bildet, wenn nach der Wahrnehmung von Farben der Blick auf eine helle Fläche fällt. Der Sukzessivkontrast lässt im Auge Komplementärfarben entstehen.

Überdeckung einfaches ▸ Raum schaffendes Mittel, das Bildgegenstände gestaffelt erscheinen lässt

Unmögliche Objekte Zeichnungen von Dingen, die aufgrund ihrer räumlichen Erscheinung nicht real vorhanden sein können

Zentralperspektive perspektivische Konstruktion mit einem ▸ Fluchtpunkt, der sich auf der Mittelsenkrechten des Bildes befindet.

Bildquellenverzeichnis

Cover/S. 5	Artothek, Weilheim/VG Bild-Kunst, Bonn 2006
S. 3 u. S. 17 (links)	2006 The M. C. Escher Company, Holland All rights reserved. www.mcescher.com
S. 8 (oben)	akg-images/Erich Lessing, Berlin
S. 10 (oben)	Bridget Riley/Privatsammlung
S. 10 (unten)	Harald Küppers, Frankfurt
S. 11	Städtisches Museum, Bonn
S. 12 (rechts)	2006 The M. C. Escher Company, Holland All rights reserved. www.mcescher.com
S. 13 (unten)	Gala-Salvador Dalí Foundation/VG Bild-Kunst, Bonn 2006
S. 15 (unten)	VG Bild-Kunst, Bonn 2006
S. 16 (links u. Mitte)	Roger N. Shepard
S. 18 (oben)	Edward H. Adelson; Cambridge/Massachusetts
S. 18 (unten)	British Museum, London
S. 20 (Mitte u. unten)	bpk/RMN/Gerard Le Gall
S. 23 (oben)	aus: Lexikon der Kunst, Bd. 1. Erlangen: Karl Müller Verlag 1994
S. 23 (unten)	akg-images/Erich Lessing, Berlin; VG Bild-Kunst, Bonn 2006
S. 25	Bridgeman Art Library, London/Alinari
S. 26 (oben)	akg-images/Electa, Berlin
S. 26 (unten)	Artothek, Weilheim
S. 30 (oben, beide)	Edgar Müller, www.strassenmalerei.com

Nicht in allen Fällen ist es gelungen, die Rechteinhaber ausfindig zu machen und um Genehmigung zu bitten. Berechtigte Ansprüche werden selbstverständlich im Rahmen der üblichen Vereinbarungen abgegolten.